法人税

別表四、五（一）の申告調整の実務

第1集

租税公課 圧縮記帳 剰余金処分
ストック・オプション
特定譲渡制限付株式等

税理士
野原 武夫 著

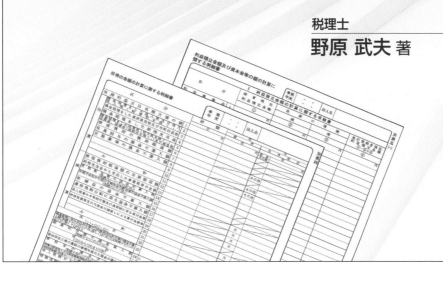

一般財団法人 大蔵財務協会

はしがき

　別表四及び五（一）における申告調整は、企業会計の処理と、法人税の処理の相違を明らかにするとともに、所得金額、利益積立金額を計算するもので、申告書別表作成の要となるものです。

　特に、別表五（一）における各事業年度の利益積立金額の計算は、翌期以降の所有株式の譲渡損益、みなし配当、源泉所得税の計算等にも影響を及ぼし、ひいては法人の解散・清算における株主への分配の基礎ともなるものです。

　申告調整の実務は、各事業年度における租税公課の処理から、会社再編時における取扱いまで多岐に亘るものでありますが、中小法人から海外展開をする大法人まで、実務家の皆様から様々なお問い合わせをいただいてきたところです。そこで、益々複雑となる税務への負担を少しでも和らげることに繋げていただければと考え「法人税　別表四、五（一）の申告調整の実務」シリーズとして刊行することといたしました。

　このように本書の目的は、この申告調整の実務をわかりやすく解説することにあります。そのため以下のような点に重きをおいて記述しています。

　①　設例と解説を簡潔に記載
　②　会社処理、税務処理、修正処理を明確に区分するとともに根拠法令を明示
　③　会社処理と修正処理を別表四、五（一）に→で図示
　④　原則として消費税と源泉所得税は省略
　⑤　別表四、五（一）の検算を図示
　⑥　巻末に関係法令を掲載

　また、第1集では、特に誤りの多い「租税公課」、「圧縮記帳及び剰余金処分」、「ストック・オプション及び特定譲渡制限付株式（リストリクテッドストック）」を取り上げました。

　「租税公課」については、申告調整において最も誤りが多く、これは留保金課税に伴う留保と流出処理の違いの理解不足かと思われ、課税所得に対する影響が大きく重要です。

　「圧縮記帳及び剰余金処分」については、特に貸借対照表の純資産の部における会計の処理と税務の処理が多々異なっており重要です。

　「ストック・オプション及び特定譲渡制限付株式（リストリクテッドストック）」については、期間損益において企業会計の処理と税務の処理が全く異なっており、税務の取扱いについては申告調整において処理することになります。

　本書が税務に携わる方々のお役に立てば幸いです。また、本書における個人的見解による解説等については読者の皆様の判断でご活用いただきますようよろしくお願いいたします。出版にあたり、一般財団法人大蔵財務協会の方々からご協力いただいたことに対し深く感謝いたします。

令和3年1月

税理士　野原　武夫

〔凡　例〕

① 本書の解説中、仕訳処理の科目は以下のように使い分けています。

（会社処理）‥‥‥会社が実際に行っている会社処理です。

（税務処理）‥‥‥その事業年度における税務上の益金、損金、資産、負債の計上時期に係る会計処理です。

（修正処理）‥‥‥（会社処理）と（税務処理）の差異です。

② 本書で使用する主な用語の定義等は、以下のとおりです。
　・(B/S)‥‥‥‥‥‥‥‥‥‥‥‥‥‥貸借対照表（Balance Sheet）
　・(P/L)‥‥‥‥‥‥‥‥‥‥‥‥‥‥損益計算書（Profit Loss Account）

③ 本書で使用する主な法令等の略称は、以下のとおりです。

法法‥‥‥‥‥‥‥法人税法

法令‥‥‥‥‥‥‥法人税法施行令

措法‥‥‥‥‥‥‥租税特別措置法

措令‥‥‥‥‥‥‥租税特別措置法施行令

措規‥‥‥‥‥‥‥租税特別措置法施行規則

法基通‥‥‥‥‥‥法人税基本通達

措通‥‥‥‥‥‥‥租税特別措置法関係通達

所法‥‥‥‥‥‥‥所得税法

所令‥‥‥‥‥‥‥所得税法施行令

所規‥‥‥‥‥‥‥所得税法施行規則

会法‥‥‥‥‥‥‥会社法

金商法‥‥‥‥‥‥金融商品取引法

土地再評価法‥‥‥土地の再評価に関する法律

震特法‥‥‥‥‥‥東日本大震災の被災者等に係る国税関係法律の臨時特例に関する法律

震特令‥‥‥‥‥‥東日本大震災の被災者等に係る国税関係法律の臨時特例に関する法律施行令

本書は令和2年12月1日現在の法令等に基づいて解説しています。

目　次

第1章　租税公課

第**2**章　圧縮記帳及び剰余金処分

第**3**章　ストック・オプション及び特定譲渡制限付株式（リストリクテッドストック）

第4章　参考法令

はじめに

申告調整を
正しく理解するために

1 本書の活用に当たっての注意事項

① 本書の目的が申告調整の仕方の理解にあるため、できる限り複雑にならない設例を採用しています。

② 別表四の「当期利益又は当期欠損の額」は、損益計算書の「当期純利益（税引後利益）」を記載しています。

③ 別表四は原則として当期純利益が0円からスタートして申告調整しています。

④ 源泉所得税及び消費税は、申告調整の理解を目的としているため原則として省略しています。

⑤ 仮払消費税、仮受消費税の表示については、消費税及び地方消費税を含めた金額で記載しています。

⑥ 別表四及び別表五（一）等への表示方法は、矢印 ➡ で記載箇所を示すことにより理解できるようにしています。

1. 申告書の別表四と別表五（一）の機能と申告調整

企業会計上の所得計算と税務上の所得計算とは必ずしも一致するものではありません。法人税の所得計算は、企業会計上の当期利益（税引後利益）を基礎として法人税所定の事項を加算・減算して課税標準である所得金額を算出することになっています。

加算・減算するために使用する申告書別表は、①別表四（所得の金額の計算に関する明細書）と②別表五（一）（利益積立金額及び資本金等の額の計算に関する明細書）です。

この加算・減算のことを申告調整といいます。

2. 別表四の作成目的

別表四は、企業会計上の損益計算書（P/L）に相当するものです。これは企業会計上の当期純利益（税引後利益）を基礎として、税法所定の事項について申告調整を行って課税標準である「所得金額」を計算するために作成します。

> **ポイント**
> ① 会社が損益計算書（P/L）で使用している科目で表示します。
> ② 同一科目で項目が幾つもある場合は合計額で記載し、内訳は別葉で保管します。

3. 別表五（一）の作成目的

　別表五（一）は、企業会計上の貸借対照表（B/S）に相当するものです。これは①「Ⅰ　利益積立金額の計算に関する明細書」と②「Ⅱ　資本金等の額の計算に関する明細書」とに分かれており、期中の変動状況を明らかにして期末の利益積立金額及び資本金等の額を計算するために作成します。この期末の利益積立金額等の累積額が法人の解散・清算時において、たとえば株主においてみなし配当又は所有株式の譲渡損益の基礎データとなりますので、非常に重要な別表となります。

　ポイント
- ①　会社が貸借対照表（B/S）で使用している科目で表示します。
- ②　同一科目で項目が幾つもある場合は合計額で記載し、内訳は別葉で保管します。

2　申告調整の仕方

申告調整は、会社の経済取引について行った（会社処理）を基礎にして、（税務処理）では会社処理と同じであるのか異なるのかを明らかにし、会社処理と税務処理との差異を（修正処理）で表示します。したがって、会社処理と修正処理を別表四及び別表五（一）に反映させる技術的作業が申告調整です。

1．第一ステップ（会計処理との差異）の処理

この処理は、会計上の「損益処理」、「計上時期」（三段論法）及び「金額」が税務と一致しているかどうかを明らかにし、差異を求めるものです。

①　（会社処理）は、会社が実際に行っている会計処理です。

②　（税務処理）は、その年度において税務上の益金であるのか損金であるのか、又は、資産であるのか、負債等であるのかを明らかにし、計上すべき金額は適正額で表示します。その際、仕訳の横に法令根拠条文を明示してあります。法人税法上の損益は益金又は損金で認識しますが、本書ではわかりやすくするため会社処理で使用している会計科目を使用します。

③　（修正処理）は、（会社処理）と（税務処理）の差異です。会社処理、税務処理、修正処理は、それぞれ科目に（B/S）、（P/L）と表示していますが、貸借科目（B/S）は別表五（一）に、損益科目（P/L）は別表四に、それぞれに該当するということを意味しています。

2．第二ステップ（別段の定め）の処理

この処理は、法人税法上の固有の調整、たとえば、役員給与の損金不算入のように「別段の定め」が多々あり、別途、加算又は減算するもので別表四及び別表五（一）に反映させるものです。

次ページは申告調整の仕方について、Qを使ってイメージ図で解説しています。この要領でおおむね本書ができていますので、しっかり理解を深めていただければと思います。

Q

当期の決算締後に売上の計上もれ 300,000（原価は既に計上済）があった場合は、次のように別表四、別表五（一）に反映させます。

（会社処理）	なし				
（税務処理）	売掛金（B/S）	300,000	売上（P/L）	300,000
（修正処理）	売掛金（B/S）	300,000	売上（P/L）	300,000

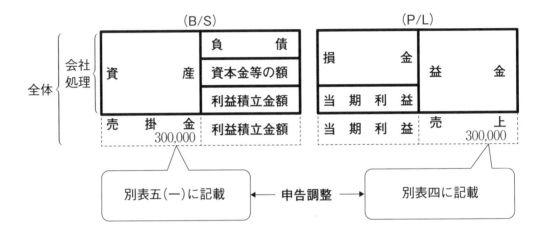

3. 別表四と別表五（一）との検算の重要性

　別表四の所得金額の計算及び別表五（一）の期末残高の計上が適正に行われているかどうかは、この検算式により確認できます。別表五（一）の「利益積立金額」及び「資本金等の額」の期末残高は、翌期へ的確に引き継がなければならない重要な作業となります。また、別表五（一）の期末残高は、①みなし配当、②寄附金等の損金算入限度額、③地方税の均等割、④清算分配等の計算基礎に使用しますので大変重要な作業となります。

《別表四と別表五（一）との検算》
（算式）

別表四 留保総計「48」② ＋ 別表五（一）期首現在利益積立金額合計「31」① ＋ （中間分、確定分法人税、県市民税の合計額）（注）

＝ 別表五（一）差引翌期首現在利益積立金額合計「31」④

（注）中間分、確定分法人税、県市民税の合計額は、別表五（一）では予め△表示されていますので、そのままマイナスとして計算します。また、**Q** における申告調整の検算において、租税公課に影響がないところは省略して表示しています。

Q

売上計上もれ（売掛金）

　設立事業年度の財務状況は、次のとおりでした。決算期末において、売上300,000の計上もれ（原価は既に計上済）がありました。申告調整は、次のように行います。

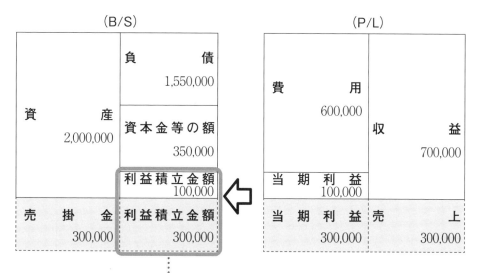

※税務上の利益積立金額が400,000となることに注目。

　三段論法（会社処理、税務処理、修正処理）で説明します。

（会社処理）

費用（P/L）	600,000	収益（P/L）	700,000
利益積立金額（B/S）	100,000		

（税務処理）

費用（P/L）	600,000	収益（P/L）	700,000
利益積立金額（B/S）	100,000		
売掛金（B/S）	300,000	売上（P/L）	300,000

（修正処理）

売掛金（B/S）	300,000	売上（P/L）	300,000

（会社処理）

| 費用（P/L） | 600,000 | 収益（P/L） | 700,000 |
| 利益積立金額（B/S） | 100,000 | | |

（修正処理）

| 売掛金（B/S） | 300,000 | 売上（P/L） | 300,000 |

別表四　所得の金額の計算に関する明細書

区　分		総　額	処　　　　　分		
			留　保	社　外　流　出	
		①	②	③	
当期利益又は当期欠損の額	1	100,000	100,000	配　当	
				その他	
加算　売上計上もれ		300,000	300,000		
所得金額又は欠損金額	48	400,000	400,000	外　※	

別表五（一）　Ⅰ　利益積立金額の計算に関する明細書

区　分		期首現在利益積立金額	当期の増減		差引翌期首現在利益積立金額①－②＋③
			減	増	
		①	②	③	④
利益準備金	1				
売掛金				300,000	300,000
繰越損益金（損は赤）	26			100,000	100,000
差引合計額	31	0	0	400,000	400,000

《別表四と別表五（一）との検算》

（算式）

別表四　留保総計「48」②（400,000）　＋　別表五（一）期首現在利益積立金額合計「31」①（0）　＝　別表五（一）差引翌期首現在利益積立金額合計「31」④（400,000）　… 検算一致

※　税務上の利益積立金額が 400,000 となることに注目。

第 **1** 章

租税公課

1-1 法人税を損金経理により納付した場合

（X－1）期に係る法人税 100 を 5 月 31 日に申告書の提出と同時に納付し、費用計上しました。X 期の税務処理は、どのようになりますか。

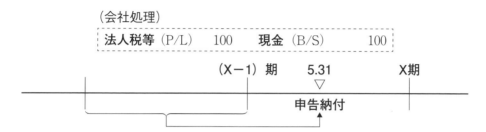

（会社処理）

| 法人税等（P/L） 100 | 現金（B/S） 100 |

(X－1) 期　　5.31　　　　X期
▽
申告納付

解説

1. 税務処理について

（X－1）期の法人税は、申告書の提出時（5.31）に確定していますので、X 期の費用計上となります（法法 22 ③、法基通 9-5-1⑴）。したがって、税務処理は次のとおりです。

法基通 9-5-1⑴ →
（税務処理）

| 法人税等（P/L） 100 | 現金（B/S） 100 |

2. 修正処理について

会社処理と税務処理とを比較しますと、B/S 及び P/L の処理に差異が生じていませんので修正処理はありません。

（修正処理）

なし

⑴ 第一ステップ（会計処理との差異）の処理

修正処理はありません。

(2) 第二ステップ（別段の定め）の処理

　法人税の額は、別段の定めにより損金不算入となっています（法法38①）。

　法人税の額は、特定同族会社の留保金課税の計算の基礎となっています（法法67③）。別表三（一）「9」の留保所得金額は、X期に確定した（X−1）期の法人税の額を含めることとなっていますので、別表四において加算（留保）することで調整されます。更にX期の留保所得金額から、X期に係る法人税の額を控除して算出することとなっています。

　利益積立金額の計算においては、X期に係る法人税等は（X＋1）期に発生する債務であることが明らかであるところから減算することとされています（法令9①一ヌ）。そのため、別表五（一）28③欄は△印の固定文字が付されています。

① 　別表四は「損金経理をした法人税及び地方法人税（附帯税を除く。）」として100加算（留保）します。

② 　別表五（一）は「未納法人税及び未納地方法人税（附帯税を除く。）」として100加算します。

　なお、これに類するものとして地方法人税、道府県民税及び市町村民税も法人税の取扱いと同様の処理となります（法法38②二）。

3. 別表調理について

別表五（二）　租税公課の納付状況等に関する明細書

税 目 及 び 事 業 年 度			期首現在未納税額	当期発生税　　額	当 期 中 の 納 付 税 額			期末現在未納税額①＋②−③−④−⑤
					充当金取崩しによる納付	仮払経理による納付	損金経理による納付	
			①	②	③	④	⑤	⑥
地法		1						
方人	（X−1）期	2	100				100	0
法税	当期分	中　間	3					
人及		確　定	4					
税び	計	5	100				100	0

（会社処理）

| 法人税等（P/L） | 100 | 現金（B/S） | 100 |

（修正処理）

なし

別表四　所得の金額の計算に関する明細書

区　　　分		総　額	処　　　　分		
			留　保	社　外　流　出	
		①	②	③	
当 期 利 益 又 は 当 期 欠 損 の 額	1	△ 100	△ 100	配　　当	
				そ の 他	
加算	損金経理をした法人税及び地方法人税（附帯税を除く。）	2	100	100		
所 得 金 額 又 は 欠 損 金 額	48	0	0	外 ※	

別表五（一）　I　利益積立金額の計算に関する明細書

区　　　分		期 首 現 在利益積立金額	当期の増減		差引翌期首現在利益積立金額①－②＋③
			減	増	
		①	②	③	④
利 益 準 備 金	1				
繰 越 損 益 金 (損 は 赤)	26			△ 100	△ 100
納 税 充 当 金	27				
未納法人税等（退職年金等積立金に対するものを除く。）	未納法人税及び未納地方法人税（附帯税を除く。） 28	△ 100	△ 100	中間 △	△
				確定 △	
	未 納 道 府 県 民 税（均等割額を含む。）29	△	△	中間 △	△
				確定 △	
	未 納 市 町 村 民 税（均等割額を含む。）30	△	△	中間 △	△
				確定 △	
差 引 合 計 額	31	△ 100	△ 100	△ 100	△ 100

《別表四と別表五（一）との検算》
（算式）

別表四「48」② ＋ 別表五（一）「31」① ＋ 別表五（一）「28」～「30」③ ＝ 別表五（一）「31」④ … 検算一致
(0) 　　　　(△ 100) 　　　　　(0) 　　　　　　(△ 100)

1-2　法人税を納税充当金により納付した場合

（X−1）期に係る法人税100を5月31日に申告書の提出と同時に納付し、納税充当金（期首納税充当金500）により処理しました。X期の税務処理は、どのようになりますか。

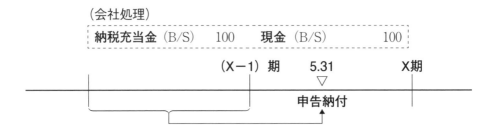

解説

1.　税務処理について

（X−1）期の法人税は、申告書の提出時（5.31）に確定していますので、X期の費用計上となります（法法22③、法基通9-5-1(1)）。したがって、税務処理は次のとおりです。

法基通9-5-1(1) →

2.　修正処理について

会社処理と税務処理とを比較しますと、処理に差異が生じていますので修正処理する必要があります。

（修正処理）

法人税等（P/L）	100	納税充当金（B/S）	100

(1)　第一ステップ（会計処理との差異）の処理

①　別表四は「納税充当金から支出した事業税等の金額」として100減算（留保）します。

②　別表五（一）は翌期以後の貸借対照表（納税充当金）の消去処理のため、「納税充当金」として100減算します。

(2)　第二ステップ（別段の定め）の処理

法人税の額は、別段の定めにより損金不算入となっています（法法38①）。

法人税の額は、特定同族会社の留保金課税の計算の基礎となっています（法法67③）。別表三（一）「9」の留保所得金額は、X期に確定した（X−1）期の法人税の額を含めることとなっていますので、別表四において加算（留保）することで調整されます。更にX期の留保所得金額から、X期に係る法人税の額を控除して算出することとなっています。

利益積立金額の計算においては、X期に係る法人税等は（X＋1）期に発生する債務であることが明らかであるところから減算することとされています（法令9①一ヌ）。そのため、別表五（一）28③欄は△印の固定文字が付されています。

①　別表四は「損金経理をした法人税及び地方法人税（附帯税を除く。）」として100加算（留保）します。

②　別表五（一）は「未納法人税及び未納地方法人税（附帯税を除く。）」として100加算します。

なお、これに類するものとして地方法人税、道府県民税及び市町村民税も法人税の取扱いと同様の処理となります（法法38②二）。

【注】　第一ステップの減算（留保）と第二ステップの加算（留保）の処理は、プラスマイナス0なので省略することも可能です。本件では、省略しないで処理しています。また、会計上、納税充当金は、「未払法人税等」として処理しているものが多いです。

3.　別表調理について

別表五（二）　租税公課の納付状況等に関する明細書

税目及び事業年度				期首現在未納税額①	当期発生税額②	当期中の納付税額			期末現在未納税額①+②-③-④-⑤⑥
						充当金取崩しによる納付③	仮払経理による納付④	損金経理による納付⑤	
地方法人税及び	法人		1						
		（X−1）期	2	100		100			0
	税	当期分 中間	3						
		確定	4						
	び	計	5	100		100			0

納　税　充　当　金　の　計　算								
期　首　納　税　充　当　金			30	500	取崩額	その他	損金算入のもの	36	
繰入額	損金経理をした納税充当金		31	0			損金不算入のもの	37	
			32					38	
	計		33	0			仮払税金消却	39	
取崩額	法　人　税　額　等		34	100		計		40	100
	事　　業　　税		35		期　末　納　税　充　当　金			41	400

（会社処理）

| 納税充当金 (B/S) | 100 | 現金 (B/S) | 100 |

（修正処理）

| 法人税等 (P/L) | 100 | 納税充当金 (B/S) | 100 |

別表四　所得の金額の計算に関する明細書

区　　　分		総　　額	処　　　　　分		
			留　保	社　外　流　出	
		①	②	③	
当 期 利 益 又 は 当 期 欠 損 の 額	1	0	0	配　　当	
				そ　の　他	
加算	損金経理をした法人税及び地方法人税（附帯税を除く。）	2	100	100		
減算	納税充当金から支出した事業税等の金額	13	100	100		
所 得 金 額 又 は 欠 損 金 額	48	0	0	外　※	

別表五（一）　I　利益積立金額の計算に関する明細書

区　　　分		期 首 現 在 利益積立金額	当期の増減		差引翌期首現在 利益積立金額 ①－②＋③
			減	増	
		①	②	③	④
利 益 準 備 金	1				
繰 越 損 益 金 (損 は 赤)	26			0	0
納 税 充 当 金	27	500	100	0	400
未納法人税等（退職年金等積立金に対するものを除く。）	未納法人税及び未納地方法人税（附帯税を除く。）	28	△ 100	△ 100	中間 △ / 確定 △	△
	未納道府県民税（均等割額を含む。）	29	△	△	中間 △ / 確定 △	△
	未納市町村民税（均等割額を含む。）	30	△	△	中間 △ / 確定 △	△
差 引 合 計 額	31	400	0	0	400

《別表四と別表五（一）との検算》
（算式）

別表四　　別表五（一）　　別表五（一）　　　別表五（一）
「48」② ＋ 「31」① ＋ 「28」～「30」③ ＝ 「31」④ … 検算一致
(0)　　　　(400)　　　　(0)　　　　　　(400)

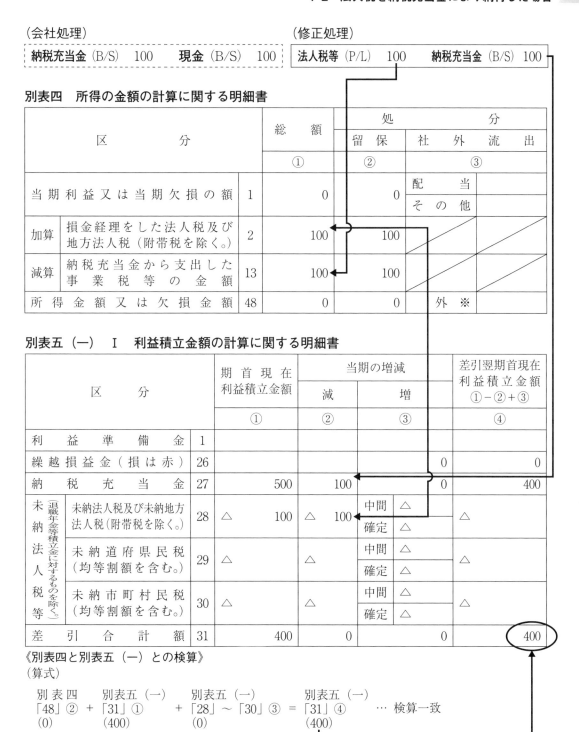

1-3　法人税を仮払税金により納付した場合

（X−1）期に係る法人税 100 を 5 月 31 日に申告書の提出と同時に納付し、仮払税金により処理しました。X 期の税務処理は、どのようになりますか。

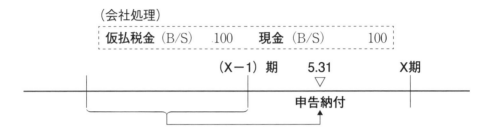

（会社処理）

| 仮払税金（B/S） | 100 | 現金（B/S） | 100 |

（解説）

1. 税務処理について

（X−1）期の法人税は、申告書の提出時（5.31）に確定していますので、X 期の費用計上となります（法法 22 ③、法基通 9-5-1(1)）。したがって、税務処理は次のとおりです。

（税務処理）

法基通 9-5-1(1) →

| 法人税等（P/L） | 100 | 現金（B/S） | 100 |

2. 修正処理について

会社処理と税務処理とを比較すると、費用計上時期に差異が生じていますので修正処理する必要があります。

（修正処理）

| 法人税等（P/L） | 100 | 仮払税金（B/S） | 100 |

(1) 第一ステップ（会計処理との差異）の処理

① 別表四は「仮払税金認容」として100減算（留保）します。

② 別表五（一）は翌期以後の貸借対照表（仮払税金）の消去処理のため、「仮払税金」として100減算します。

(2) 第二ステップ（別段の定め）の処理

法人税の額は、別段の定めにより損金不算入となっています（法法38①）。

法人税の額は、特定同族会社の留保金課税の計算の基礎となっています（法法67③）。別表三（一）「9」の留保所得金額は、X期に確定した（X−1）期の法人税の額を含めることとなっていますので、別表四において加算（留保）することで調整されます。更にX期の留保所得金額から、X期に係る法人税の額を控除して算出することとなっています。

利益積立金額の計算においては、X期に係る法人税等は（X＋1）期に発生する債務であることが明らかであるところから減算することとされています（法令9①一ヌ）。そのため、別表五（一）28③欄は△印の固定文字が付されています。

① 別表四は「損金経理をした法人税及び地方法人税（附帯税を除く。）」として100加算（留保）します。

② 別表五（一）は「未納法人税及び未納地方法人税（附帯税を除く。）」として100加算します。

なお、これに類するものとして地方法人税、道府県民税及び市町村民税も法人税の取扱いと同様の処理となります（法法38②二）。

【注】 第一ステップの減算（留保）と第二ステップの加算（留保）の処理は、プラスマイナス0なので省略することも可能です。本件では、省略しないで処理しています。

3. 別表調理について

別表五（二） 租税公課の納付状況等に関する明細書

税目及び事業年度			期首現在未納税額	当期発生税額	当期中の納付税額			期末現在未納税額 ①＋②−③−④−⑤
					充当金取崩しによる納付	仮払経理による納付	損金経理による納付	
			①	②	③	④	⑤	⑥
地方法人税及び法人税		1						
	（X−1）期	2	100			100		0
	当期分 中間	3						
	当期分 確定	4						
	計	5	100			100		0

（会社処理）

仮払税金（B/S）100　　現金（B/S）100

（修正処理）

法人税等（P/L）100　　仮払税金（B/S）100

別表四　所得の金額の計算に関する明細書

区　　　分		総　額	処　　　　分		
			留　保	社　外　流　出	
		①	②	③	
当期利益又は当期欠損の額	1	0	0	配　当	
				その他	
加算	損金経理をした法人税及び地方法人税（附帯税を除く。）	2	100	100	
減算	仮払税金認容		100	100	
所得金額又は欠損金額	48	0	0	外　※	

別表五（一）　I　利益積立金額の計算に関する明細書

区　　　分		期首現在利益積立金額	当期の増減		差引翌期首現在利益積立金額 ①－②＋③
			減	増	
		①	②	③	④
利益準備金	1				
仮払税金				△100	△100
繰越損益金（損は赤）	26			0	0
納税充当金	27				
未納法人税等（退職年金等積立金に対するものを除く。）	未納法人税及び未納地方法人税(附帯税を除く。)	28	△100	△100	中間 △	△ 0
					確定 △	
	未納道府県民税（均等割額を含む。）	29	△	△	中間 △	△
					確定 △	
	未納市町村民税（均等割額を含む。）	30	△	△	中間 △	△
					確定 △	
差引合計額	31	△100	△100	△100	△100

《別表四と別表五（一）との検算》
（算式）

別表四　　別表五（一）　　別表五（一）　　別表五（一）
「48」②　＋　「31」①　＋　「28」～「30」③　＝　「31」④　… 検算一致
(0)　　　　（△100）　　　　(0)　　　　　　（△100）

1-4 法人税を仮払税金により納付した場合（翌期）

（X－1）期に係る法人税 100 を X 期の 5 月 31 日に申告書の提出と同時に納付し、仮払税金により処理しました。（X＋1）期の 4 月に仮払税金を法人税等により消去処理しました。（X＋1）期の税務処理は、どのようになりますか。

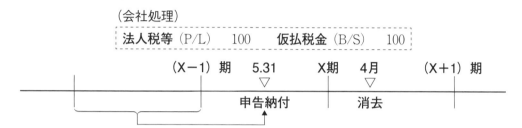

解説

1. 税務処理について

（X－1）期の法人税は、申告書の提出時（X 期の 5.31）に確定していますので、X 期の費用計上となります（法法 22 ③、法基通 9-5-1 ⑴）。したがって、（X＋1）期の処理はありません。

（税務処理）

なし

2. 修正処理について

会社処理と税務処理とを比較しますと、処理に差異が生じていますので修正処理する必要があります。

（修正処理）

① 別表四は「法人税等否認」として 100 加算（留保）します。
② 別表五（一）は前期計上の貸借対照表（仮払税金）の消去処理のため、「仮払税金」として 100 加算します。

3. 別表調理について

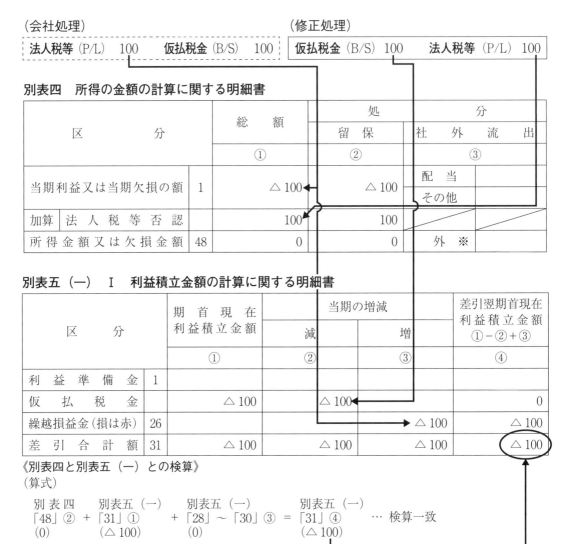

（会社処理）

法人税等（P/L）100　　仮払税金（B/S）100

（修正処理）

仮払税金（B/S）100　　法人税等（P/L）100

別表四　所得の金額の計算に関する明細書

区　　　　　分		総　　額	処		分	
			留　保	社　外　流　出		
		①	②	③		
当期利益又は当期欠損の額	1	△100	△100	配　当		
				その他		
加算	法人税等否認	100	100			
所得金額又は欠損金額	48	0	0	外　※		

別表五（一）　I　利益積立金額の計算に関する明細書

区　　　分		期首現在利益積立金額	当期の増減		差引翌期首現在利益積立金額 ①－②＋③
			減	増	
		①	②	③	④
利　益　準　備　金	1				
仮　払　税　金			△100	△100	0
繰越損益金（損は赤）	26			△100	△100
差　引　合　計　額	31	△100	△100	△100	△100

《別表四と別表五（一）との検算》

（算式）

別表四　　　別表五（一）　　別表五（一）　　　別表五（一）
「48」②　＋　「31」①　　＋　「28」〜「30」③　＝　「31」④　　　… 検算一致
（0）　　　　（△100）　　　　（0）　　　　　　　（△100）

1-5 法人税の中間納付額を 損金経理により納付した場合（還付予定）

Q

X期に係る法人税の中間分 100 を 11 月 15 日に納付し、費用計上しました。X 期の所得金額は 0 でしたが、税務処理はどのようになりますか。

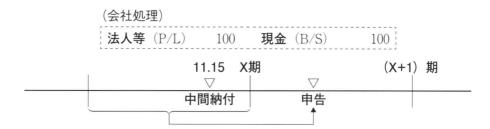

（会社処理）
| 法人等（P/L） | 100 | 現金（B/S） | 100 |

解説

1. 税務処理について

X 期の法人税の中間分は、納付時（11.15）に確定していますので、X 期の費用計上となります（法法 22 ③、法基通 9-5-1）。したがって、税務処理は次のとおりです。

法基通 9-5-1 →
（税務処理）
| 法人税等（P/L） | 100 | 現金（B/S） | 100 |

2. 修正処理について

会社処理と税務処理とを比較しますと、B/S 及び P/L の処理に差異が生じていませんので修正処理はありません。

（修正処理）
なし

(1) 第一ステップ（会計処理との差異）の処理

修正処理はありません。

(2) 第二ステップ（別段の定め）の処理

法人税の額は、別段の定めにより損金不算入となっています（法法38①）。

法人税の額は、特定同族会社の留保金課税の計算の基礎となっています（法法67③）。別表三（一）「9」の留保所得金額は、X期に確定した（X−1）期の法人税の額を含めることとなっていますので、別表四において加算（留保）することで調整されます。更にX期の留保所得金額から、X期に係る法人税の額を控除して算出することとなっています。

利益積立金額の計算においては、X期に係る法人税等は（X+1）期に発生する債務であることが明らかであるところから減算することとされています（法令9①一ヌ）。そのため、別表五（一）28③欄は△印の固定文字が付されています。

① 別表四は「損金経理をした法人税及び地方法人税（附帯税を除く。）」として100加算（留保）します。

② 別表五（一）は「未納法人税及び未納地方法人税（附帯税を除く。）」として100加算します。

なお、これに類するものとして地方法人税、道府県民税及び市町村民税も法人税の取扱いと同様の処理となります（法法38②二）。

3. 別表調理について

別表五（二）　租税公課の納付状況等に関する明細書

税目及び事業年度				期首現在未納税額①	当期発生税額②	当期中の納付税額			期末現在未納税額 ①+②−③ −④−⑤⑥
						充当金取崩しによる納付③	仮払経理による納付④	損金経理による納付⑤	
地方法人税及び税			1						
			2						
	当期分	中間	3		100			100	0
		確定	4		△100				△100
	計		5		0			100	△100

（会社処理）

法人税等（P/L）　100	現金（B/S）　100

（修正処理）

なし

別表四　所得の金額の計算に関する明細書

区　　　分		総　　額	処　　　　　分		
			留　保	社　外　流　出	
		①	②	③	
当 期 利 益 又 は 当 期 欠 損 の 額	1	△100	△100	配　　当	
				そ の 他	
加算	損金経理をした法人税及び地方法人税（附帯税を除く。）	2	100	100		
所 得 金 額 又 は 欠 損 金 額	48	0	0	外　※	

別表五（一）　I　利益積立金額の計算に関する明細書

区　　　分		期 首 現 在 利益積立金額	当 期 の 増 減		差引翌期首現在 利益積立金額 ①-②+③
			減	増	
		①	②	③	④
利 　益 　準 　備 　金	1				
繰 越 損 益 金 (損 は 赤)	26			△100	△100
納 　税 　充 　当 　金	27				
未納法人税等（退職年金等積立金に対するものを除く。）	未納法人税及び未納地方法人税（附帯税を除く。）	28	△	△ 100	中間 △ 100	△ △100
					確定 △ △100	
	未 納 道 府 県 民 税（均等割額を含む。）	29	△	△	中間 △	△
					確定 △	
	未 納 市 町 村 民 税（均等割額を含む。）	30	△	△	中間 △	△
					確定 △	
差 　引 　合 　計 　額	31		△100	△100	0

《別表四と別表五（一）との検算》
（算式）

別表四　　　別表五（一）　　別表五（一）　　　　別表五（一）
「48」②　＋　「31」①　　＋　「28」〜「30」③　＝　「31」④　　… 検算一致
（0）　　　　　（0）　　　　　（0）　　　　　　　　（0）

1-6　法人税の中間納付額の還付を雑収入で処理した場合（翌期）

Q

　X期の所得金額は 0 でしたので、法人税の申告は還付となりました。そのため、納付した中間申告分の法人税 100 は、8 月 31 日に還付となり雑収入で処理しました。（X＋1）期の税務処理は、どのようになりますか。

（会社処理）

| 現金（B/S） | 100 | 雑収入（P/L） | 100 |

X期　　　8.31　　　（X＋1）期
▽
還付

解説

1. 税務処理について

　X 期の法人税は、申告書の提出時に確定し 0 となりましたので、還付された法人税は（X＋1）期の収益計上となります（法法22②）。したがって、税務処理は次のとおりです。

（税務処理）

| 現金（B/S） | 100 | 雑収入（P/L） | 100 | ← 法法22② |

2. 修正処理について

　会社処理と税務処理とを比較しますと、B/S 及び P/L の処理に差異が生じていませんので修正処理はありません。

（修正処理）

| なし |

⑴　第一ステップ（会計処理との差異）の処理

　　修正処理はありません。

⑵　第二ステップ（別段の定め）の処理

　　還付法人税の額は、別段の定めにより益金不算入となっています（法法 26 ①一）。

　　還付法人税の額は、特定同族会社の留保金課税の計算の基礎となっています（法法 67 ③五）。別表三（一）「9」の留保所得金額には、X 期に確定して（X＋1）期の還付法人税の額は含めないこととなっていますので、別表四において減算（留保）することで調整されます。

　　利益積立金額の計算においては、別段の定めにより減算（留保）することとなっていますので、別表四の留保欄に連動して別表五（一）の減欄で消去します（法令 9 ①一ホ）。

　①　別表四は「法人税等の中間納付額及び過誤納に係る還付金額」として 100 減算（留保）します。

　②　別表五（一）は貸借対照表（還付法人税）の消去処理のため、「未納法人税及び未納地方法人税（附帯税を除く。）」として、100 減算します。

　　なお、これに類するものとして地方法人税、道府県民税及び市町村民税も法人税の取扱いと同様の処理となります（法法 26 ①一）。

3.　別表調理について

別表五（二）　租税公課の納付状況等に関する明細書

税目及び事業年度			期首現在未納税額	当期発生税額	当期中の納付税額			期末現在未納税額 ①＋②－③－④－⑤
					充当金取崩しによる納付	仮払経理による納付	損金経理による納付	
			①	②	③	④	⑤	⑥
地方法人税及び		1						
	X 期	2	△ 100				△ 100	0
	当期分 中間	3						
法人税及び	当期分 確定	4						
	計	5	△ 100				△ 100	0

（会社処理）　　　　　　　　　　　　　　　（修正処理）

| 現金（B/S）　100　雑収入（P/L）　100 | なし |

別表四　所得の金額の計算に関する明細書

区　　分		総　額	処　　　　分		
			留　保	社　外　流　出	
		①	②	③	
当 期 利 益 又 は 当 期 欠 損 の 額	1	100	100	配　　当	
				そ　の　他	
減算	法人税等の中間納付額及び過誤納に係る還付金額	18	100	100	
所 得 金 額 又 は 欠 損 金 額	48	0	0	外　※	

別表五（一）　I　利益積立金額の計算に関する明細書

区　　分		期 首 現 在 利益積立金額	当期の増減		差引翌期首現在 利益積立金額 ①－②＋③
			減	増	
		①	②	③	④
利　益　準　備　金	1				
繰 越 損 益 金 (損 は 赤)	26	△100		100	0
納　税　充　当　金	27				
未納法人税等（退職年金等積立金に対するものを除く。）	未納法人税及び未納地方法人税(附帯税を除く。)	28	△ △100	△△100	中間 △
					確定 △
	未納道府県民税(均等割額を含む。)	29	△	△	中間 △
					確定 △
	未納市町村民税(均等割額を含む。)	30	△	△	中間 △
					確定 △
差　引　合　計　額	31	0	100	100	0

《**別表四と別表五（一）との検算**》
（算式）

別表四　　　　別表五（一）　　別表五（一）　　　　別表五（一）
「48」②　＋　「31」①　　＋　「28」～「30」③　＝　「31」④　　… 検算一致
（0）　　　　　（0）　　　　　　（0）　　　　　　　　（0）

1-7 法人税の中間納付額の還付を
納税充当金で処理した場合（翌期）

X 期の所得金額は 0 でしたので、法人税の申告は還付となりました。そのため、納付した中間申告分の法人税 100 は、8 月 31 日に還付となり納税充当金（期首納税充当金 500）で処理しました。（X＋1）期の税務処理は、どのようになりますか。

（会社処理）

| 現金（B/S） | 100 | 納税充当金（P/L） | 100 |

| | X期 | 8.31 | （X＋1）期 |

還付

解説

1. 税務処理について

　X 期の法人税は、申告書の提出時に確定し 0 となりましたので、還付された法人税は（X＋1）期の収益計上となります（法法 22 ②）。したがって、税務処理は次のとおりです。

（税務処理）

| 現金（B/S） | 100 | 雑収入（P/L） | 100 | ← 法法 22 ② |

2. 修正処理について

　会社処理と税務処理とを比較しますと、処理に差異が生じていますので修正処理する必要があります。

（修正処理）

| 納税充当金（B/S） | 100 | 雑収入（P/L） | 100 |

⑴　第一ステップ（会計処理との差異）の処理

①　別表四は「損金経理をした納税充当金」として 100 加算（留保）します。

②　別表五（一）は貸借対照表（納税充当金）の消去処理のため、「納税充当金」として 100 加算します。

⑵　第二ステップ（別段の定め）の処理

還付法人税の額は、別段の定めにより益金不算入となっています（法法 26 ①一）。

法人税の額は、特定同族会社の留保金課税の計算の基礎となっています（法法 67 ③）。別表三（一）「9」の留保所得金額には、X 期に確定して（X ＋ 1）期の還付法人税の額は含めないこととなっていますので、別表四において減算（留保）することで調整されます。

利益積立金額の計算においては、別段の定めにより減算（留保）することとなっていますので、別表四の留保欄に連動して別表五（一）の減欄で消去します（法令 9 ①一ホ）。

①　別表四は「法人税等の中間納付額及び過誤納に係る還付金額」として 100 減算（留保）します。

②　別表五（一）は貸借対照表（還付法人税）の消去処理のため、「未納法人税及び未納地方法人税（附帯税を除く。）」として 100 減算します。

なお、これに類するものとして地方法人税、道府県民税及び市町村民税も法人税の取扱いと同様の処理となります（法法 26 ①一）。

3.　別表調理について

別表五（二）　租税公課の納付状況等に関する明細書

税目及び事業年度			期首現在未納税額	当期発生税額	当期中の納付税額			期末現在未納税額 ①＋②－③－④－⑤
					充当金取崩しによる納付	仮払経理による納付	損金経理による納付	
			①	②	③	④	⑤	⑥
地方法人税及び		1						
	X期	2	△100		△100			0
法人税及び税び	当期分	中間 3						
		確定 4						
	計	5	△100		△100			0

納税充当金の計算							
期首納税充当金		30	500		損金算入のもの	36	
繰入額	損金経理をした納税充当金	31	0	その他	損金不算入のもの	37	
	法人税還付金	32	100			38	
	計	33	100		仮払税金消却	39	
取崩額	法人税額等	34			計	40	
	事業税	35		期末納税充当金		41	600

取崩額

◀ 31 ▶

（会社処理）

現金（B/S）100	納税充当金（B/S）100

（修正処理）

納税充当金（B/S）100	雑収入（P/L）100

別表四　所得の金額の計算に関する明細書

区　　分		総　額	処　　　　　分			
			留　保	社	外　流　出	
		①	②		③	
当 期 利 益 又 は 当 期 欠 損 の 額	1	0	0	配　当		
				その他		
加算	損金経理をした納税充当金	4	100	100		
減算	法人税等の中間納付額及び過誤納に係る還付金額	18	100	100		
所 得 金 額 又 は 欠 損 金 額	48	0	0	外 ※		

別表五（一）　Ⅰ　利益積立金額の計算に関する明細書

区　　分		期 首 現 在 利益積立金額	当期の増減				差引翌期首現在 利益積立金額 ①－②＋③
			減		増		
		①	②		③		④
利 益 準 備 金	1						
繰 越 損 益 金（損 は 赤）	26				0		0
納 税 充 当 金	27	500	△ 100				600
未納法人税等（退職年金等積立金に対するものを除く。）	未納法人税及び未納地方法人税（附帯税を除く。）	28	△ △100	△△ 100	中間	△	△ 0
					確定	△	
	未 納 道 府 県 民 税（均等割額を含む。）	29	△	△	中間	△	△
					確定	△	
	未 納 市 町 村 民 税（均等割額を含む。）	30	△	△	中間	△	△
					確定	△	
差 引 合 計 額	31	600	0		0		600

《別表四と別表五（一）との検算》

（算式）

別 表 四　　別 表 五（一）　　別 表 五（一）　　別 表 五（一）
「48」②　＋　「31」①　　＋　「28」～「30」③　＝　「31」④　… 検算一致
（0）　　　　（600）　　　　（0）　　　　　　　（600）

1-8　法人税の中間納付額の還付予定額を
未収入金（雑収入）計上した場合

Q

　X期において、法人税・地方税等の中間分800を損金経理により処理しました。X期の所得金額は0が予定されていましたので、中間納付した法人税800は、雑収入（未収入金）で処理しました。X期の税務処理は、どのようになりますか。

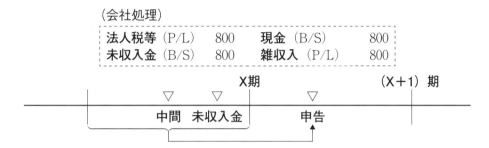

別表五（二）　租税公課の納付状況等に関する明細書

税 目 及 び 事 業 年 度				期首現在未納税額 ①	当期発生税　額 ②	当 期 中 の 納 付 税 額 充当金取崩しに よ る 納 付 ③	仮払経理による 納 付 ④	損金経理による 納 付 ⑤	期末現在未納税額 ①＋②－③ －④－⑤ ⑥
地方法人税及び法人税			1						
			2						
	当期分	中　間	3		420			420	0
		確　定	4		△420				△420
		計	5		0			420	△420
道府県民税			6						
			7						
	当期分	中　間	8		200			200	0
		確　定	9		△200				△200
		計	10		0			200	△200
市町村民税			11						
			12						
	当期分	中　間	13		100			100	0
		確　定	14		△100				△100
		計	15		0			100	△100
事業税			16						
			17						
	当期中間分		18		80			80	0
	計		19		80			80	0

1. 税務処理について

　法人税の中間分の費用計上時期は、X期に確定しますので、X期の費用計上となります（法法22③、法基通9-5-1）。

　還付予定の法人税は、申告書の提出時（（X＋1）期）に確定しますので、X期の収益計上の処理はありません。したがって、税務処理は次のとおりです。

（税務処理）

法基通9-5-1　→　| **法人税等**（P/L） | 800 | **現金**（B/S） | 800 |

2. 修正処理について

　会社処理と税務処理とを比較しますと、処理に差異が生じていますので修正処理する必要があります。

（修正処理）

| **雑収入**（P/L） | 800 | **未収入金**（B/S） | 800 |

(1)　第一ステップ（会計処理との差異）の処理

　①　別表四は「雑収入過大」として800減算（留保）します。

　②　別表五（一）は翌期以後の貸借対照表（未収入金）の消去処理のため、「未収入金」として800減算します。

(2)　第二ステップ（別段の定め）の処理

　法人税、道府県民税、市町村民税の額は、別段の定めにより損金不算入となっています（法法38①）。

　法人税、道府県民税、市町村民税の額は、特定同族会社の留保金課税の計算の基礎となっています（法法67③）。別表三（一）「9」の留保所得金額は、X期に確定した（X−1）期の法人税、道府県民税、市町村民税の額を含めることとなっていますので、別表四において加算（留保）することで調整されます。更にX期の留保所得金額から、X期に係る法人税、道府県民税、市町村民税の額を控除して算出することとなっています。

　利益積立金額の計算においては、法人税、道府県民税、市町村民税は翌期に発生する債務であることが明らかであるところから減算することとされています（法令9①一ヌ）。その

ため、別表五（一）28〜30欄③は△印の固定文字が付されています。

① 別表四は「損金経理をした法人税及び地方法人税（附帯税を除く。）」として420加算（留保）、「損金経理をした道府県民税及び市町村民税」として300加算（留保）します。

② 別表五（一）は「未納法人税及び未納地方法人税（附帯税を除く。）」として420加算、「未納道府県民税（均等割額を含む。）」として200加算、「未納市町村民税（均等割額を含む。）」として100加算します。

3. 別表調理について

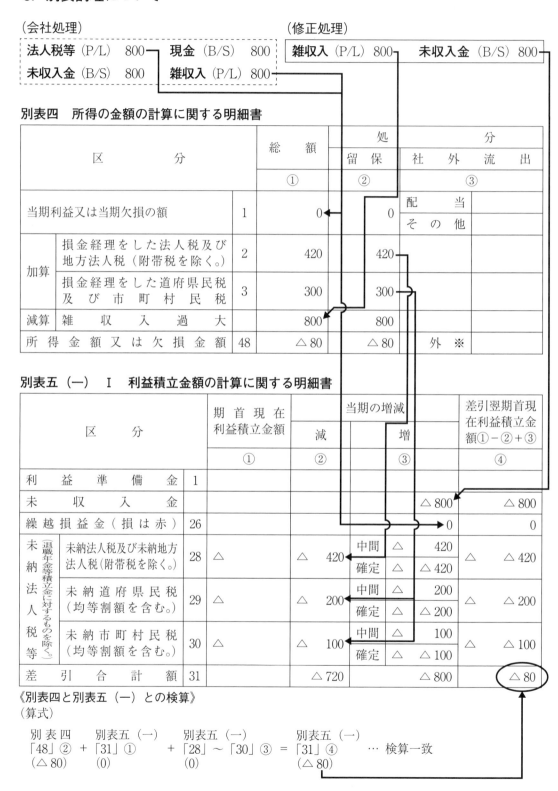

（会社処理）

| 法人税等 (P/L) | 800 | 現金 (B/S) | 800 |
| 未収入金 (B/S) | 800 | 雑収入 (P/L) | 800 |

（修正処理）

| 雑収入 (P/L) | 800 | 未収入金 (B/S) | 800 |

別表四　所得の金額の計算に関する明細書

区　　　分		総　　額	処 分		
			留　保	社　外　流　出	
		①	②	③	
当期利益又は当期欠損の額	1	0	0	配　当	
				その他	
加算	損金経理をした法人税及び地方法人税（附帯税を除く。）	2	420	420	
	損金経理をした道府県民税及び市町村民税	3	300	300	
減算	雑　収　入　過　大		800	800	
所　得　金　額　又　は　欠　損　金　額	48	△80	△80	外　※	

別表五（一）　Ⅰ　利益積立金額の計算に関する明細書

区　　　分		期首現在利益積立金額	当期の増減			差引翌期首現在利益積立金額①－②＋③
			減		増	
		①	②		③	④
利　益　準　備　金	1					
未　収　入　金					△800	△800
繰越損益金（損は赤）	26				0	0
未納法人税等（退職年金等積立金に対するものを除く。）	未納法人税及び未納地方法人税（附帯税を除く。）	28	△	△420	中間 △ 420	△ △420
					確定 △ △420	
	未納道府県民税（均等割額を含む。）	29	△	△200	中間 △ 200	△ △200
					確定 △ △200	
	未納市町村民税（均等割額を含む。）	30	△	△100	中間 △ 100	△ △100
					確定 △ △100	
差　引　合　計　額	31		△720		△800	△80

《別表四と別表五（一）との検算》

（算式）

別表四　　　別表五（一）　　別表五（一）　　別表五（一）
「48」②　＋　「31」①　　＋　「28」～「30」③　＝　「31」④　　… 検算一致
（△80）　　　（0）　　　　（0）　　　　　　　（△80）

1-9 法人税の中間納付額の還付予定額を 未収入金（雑収入）計上した場合（翌期）

X期の所得金額は0でしたので、X期の申告により法人税は0となりました。（X＋1）期に法人税が還付された内訳は次のとおりです。また、X期に納付の確定した税金の道府県民税等は次のとおりでしたので、実際の還付税額は、この納付税額と相殺した後の額で行われ、差額は損金としました。（X＋1）期の税務処理は、どのようになりますか。

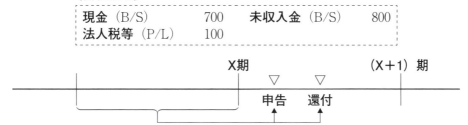

解説

1. 税務処理について

X期にかかる法人税等の中間納付額の還付分800の還付は還付のあった年度で確定しますので、（X＋1）期の収益計上となります（法法22②）。また、X期の法人税等100は、法人税申告書の申告時に確定しますので、（X＋1）期の費用計上となります（法法22③、法基通9-5-1）。したがって、税務処理は次のとおりです。

（税務処理）

```
現金（B/S）           800    法人税（P/L）        420 ┐
                             道府県民税（P/L）    200 │ 合計800
                             市町村民税（P/L）    100 │ （法法22②）
                             事業税（P/L）         80 │
合計100 ┌ 道府県民税（P/L）    60    現金（B/S）         100 ┘
（法基通9-5-1） └ 市町村民税（P/L）    40
```

2. 修正処理について

　会社処理と税務処理とを比較しますと、処理に差異が生じていますので修正処理する必要があります。

（修正処理）

```
        ┌ 道府県民税（P/L）    60    法人税（P/L）        420 ┐
100 ┤   市町村民税（P/L）    40    道府県民税（P/L）    200 │
        │                           市町村民税（P/L）    100 ├ 900
        │                           事業税（P/L）         80 │
        └ 未収入金（B/S）     800    法人税等（P/L）      100 ┘
```

(1)　第一ステップ（会計処理との差異）の処理

① 　別表四は「雑収入計上もれ」として800（ 900 － 100 ）加算（留保）します。

② 　別表五（一）は貸借対照表（未収入金）の消去処理のため、「未収入金」として800加算します。

(2)　第二ステップ（別段の定め）の処理

イ　納付法人税について

　道府県民税、市町村民税の額は、別段の定めにより損金不算入となっています（法法38①）。

　道府県民税、市町村民税の額は、特定同族会社の留保金課税の計算の基礎となっています（法法67③）。別表三（一）「9」の留保所得金額は、X期に確定した（X－1）期の法人税、道府県民税、市町村民税の額を含めることとなっていますので、別表四において加算（留保）することで調整されます。更にX期の留保所得金額から、X期に係る法人税、道府県民税、市町村民税の額を控除して算出することとなっています。

　利益積立金額の計算においては、道府県民税、市町村民税は翌期に発生する債務であることが明らかであるところから減算することとされています（法令9①一ヌ）。そのため、別表五（一）28～30欄③は△印の固定文字が付されています。

① 　別表四は「損金経理をした道府県民税及び市町村民税」として100加算（留保）します。

②　別表五（一）は「未納道府県民税（均等割額を含む。）」として60加算、「未納市町村民税（均等割額を含む。）」として40加算します。

ロ　還付法人税について

法人税、道府県民税、市町村民税の額は、別段の定めにより益金不算入となっています（法法26①一）。

法人税、道府県民税、市町村民税の額は、特定同族会社の留保金課税の計算の基礎になっています（法法67③）。留保金課税の計算においては、還付法人税の額は留保金額に含まれないこととなっていますので減算（留保）することとなります。

利益積立金額の計算においては、別段の定めにより減算（留保）することとなっていますので、別表四の留保欄に連動して別表五（一）の減欄で消去します（法令9①一ホ）。

①　別表四は「法人税等の中間納付額及び過誤納に係る還付金額」として720減算（留保）します。

②　別表五（一）は貸借対照表（還付法人税）の消去処理のため、「未納法人税及び未納地方法人税（附帯税を除く。）」として420減算、「未納道府県民税（均等割額を含む。）」として200減算、「未納市町村民税（均等割額を含む。）」として100減算します。

3.　別表調理について

（会社処理）

現金（B/S）	700	未収入金（B/S）	800
法人税等（P/L）	100		

（修正処理）

道府県民税（P/L）	60	法人税（P/L）	420
市町村民税（P/L）	40	道府県民税（P/L）	200
		市町村民税（P/L）	100
		事業税（P/L）	80
未収入金（B/S）	800	法人税等（P/L）	100

別表四　所得の金額の計算に関する明細書

区　　　分		総　額	処　　　　　分		
			留　保	社　外　流　出	
		①	②	③	
当 期 利 益 又 は 当 期 欠 損 の 額	1	△100	△100	配　当	
				そ の 他	
加算	損金経理をした道府県民税及び市町村民税	3	100	100	
	雑 収 入 計 上 も れ		800	800	
減算	法人税等の中間納付額及び過誤納に係る還付金額	18	720	720	
所 得 金 額 又 は 欠 損 金 額	48	80	80	外 ※	

別表五（一）　I　利益積立金額の計算に関する明細書

区　　　分		期 首 現 在 利益積立金額	当期の増減		差引翌期首現在 利益積立金額 ①－②＋③
			減	増	
		①	②	③	④
利 益 準 備 金	1				
未 収 入 金		△800	△800		0
繰 越 損 益 金 （ 損 は 赤 ）	26	0		△100	△100
納 税 充 当 金	27				
未納法人税等（退職年金等積立金に対するものを除く。）	未納法人税及び未納地方法人税（附帯税を除く。）	28	△ △420	△ △420	中間 △	△	0
					確定 △		
	未 納 道 府 県 民 税 （ 均 等 割 額 を 含 む 。）	29	△ △200	△ △200 60	中間 △ 60	△	0
					確定 △		
	未 納 市 町 村 民 税 （ 均 等 割 額 を 含 む 。）	30	△ △100	△ △100 40	中間 △ 40	△	0
					確定 △		
差 引 合 計 額	31	△80	△180	△200	△100

《別表四と別表五（一）との検算》

（算式）

別表四　　　別表五（一）　　別表五（一）　　　　別表五（一）
「48」②　＋　「31」①　　＋　「28」～「30」③　＝　「31」④　　… 検算一致
（80）　　　　（△80）　　　　（△100）　　　　　　（△100）

1-10 事業税を仮払税金により納付した場合

（X−1）期に係る事業税 100 を 5 月 31 日に申告書の提出と同時に納付し、仮払税金により処理しました。X 期の税務処理は、どのようになりますか。

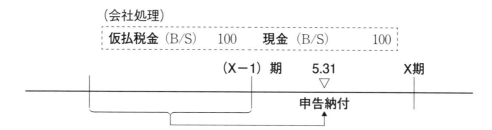

（会社処理）

仮払税金（B/S）	100	現金（B/S）	100

解説

1. 税務処理について

（X−1）期の事業税は、申告書の提出時（5.31）に確定していますので、X 期の費用計上となります（法法 22 ③、法基通 9-5-1）。したがって、税務処理は次のとおりです。

（税務処理）

法基通 9-5-1 →

法人税等（P/L）	100	現金（B/S）	100

2. 修正処理について

会社処理と税務処理とを比較しますと、処理に差異が生じていますので修正処理する必要があります。

（修正処理）

法人税等（P/L）	100	仮払税金（B/S）	100

① 別表四は「法人税等認容」として、100 を減算（留保）します。
② 別表五（一）は翌期以後の貸借対照表（仮払税金）の消去処理のため、「仮払税金」として 100 減算します。

3. 別表調理について

別表五（二）　租税公課の納付状況等に関する明細書

税目及び事業年度			期首現在未納税額	当期発生税額	当 期 中 の 納 付 税 額			期末現在未納税額 ①＋②－③－④－⑤
					充当金取崩しによる納付	仮払経理による納付	損金経理による納付	
			①	②	③	④	⑤	⑥
事業税		16						
	（X－1）期	17	100			100		0
	当期中間分	18						
	計	19	100			100		0

（会社処理）

仮払税金（B/S）100　　現金（B/S）100

（修正処理）

法人税等（P/L）100　　仮払税金（B/S）100

別表四　所得の金額の計算に関する明細書

区　　　分		総　額	処	分	
			留　保	社　外　流　出	
		①	②	③	
当期利益又は当期欠損の額	1	0	0	配　当	
				その他	
減算	法 人 税 等 認 容		100	100	
所 得 金 額 又 は 欠 損 金 額	48	△100	△100	外　※	

別表五（一）　Ⅰ　利益積立金額の計算に関する明細書

区　　　分	期首現在利益積立金額	当期の増減		差引翌期首現在利益積立金額 ①－②＋③
		減	増	
	①	②	③	④
利 益 準 備 金	1			
仮 払 税 金			△100	△100
繰越損益金(損は赤)	26		0	0
差 引 合 計 額	31	0	△100	△100

《別表四と別表五（一）との検算》

（算式）

別表四　　　別表五（一）　　別表五（一）　　　別表五（一）
「48」②　＋「31」①　＋「28」～「30」③ ＝「31」④　… 検算一致
（△100）　（0）　　　（0）　　　　　　（△100）

1-11 事業税を仮払税金により納付した場合（翌期）

（X−1）期に係る事業税 100 を X 期に仮払税金により納付しましたが、（X+1）期の 4 月において仮払税金を法人税等により振替処理しました。（X+1）期の税務処理は、どのようになりますか。

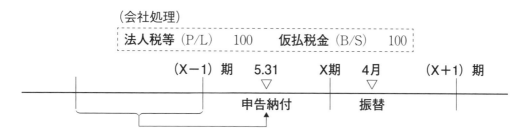

（解説）

1. 税務処理について

（X−1）期の事業税は、申告書の提出時（X 期）に確定し処理済みです。したがって、（X+1）期の税務処理はありません。

（税務処理）

なし

2. 修正処理について

会社処理と税務処理とを比較しますと、処理に差異が生じていますので修正処理する必要があります。

（修正処理）

仮払税金（B/S） 100	法人税等（P/L） 100

① 別表四は「法人税等否認」として 100 加算（留保）します。
② 別表五（一）は前期計上の貸借対照表（仮払税金）の消去処理のため、「仮払税金」として 100 加算します。

3．別表調理について

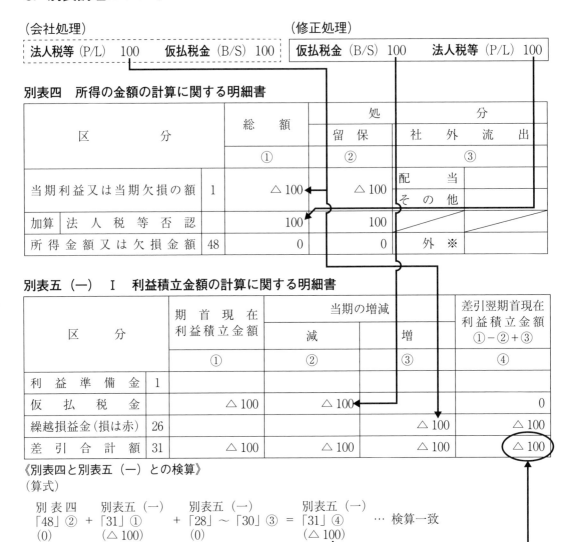

（会社処理）

法人税等（P/L）100　　仮払税金（B/S）100

（修正処理）

仮払税金（B/S）100　　法人税等（P/L）100

別表四　所得の金額の計算に関する明細書

区　　　分		総　額	処		分	
			留　保	社　外　流　出		
		①	②	③		
当期利益又は当期欠損の額	1	△100	△100	配　当		
				その他		
加算	法人税等否認		100	100		
所得金額又は欠損金額	48	0	0	外　※		

別表五（一）　Ｉ　利益積立金額の計算に関する明細書

区　　　分		期首現在利益積立金額	当期の増減		差引翌期首現在利益積立金額①－②＋③
			減	増	
		①	②	③	④
利　益　準　備　金	1				
仮　払　税　金			△100	△100	0
繰越損益金（損は赤）	26			△100	△100
差　引　合　計　額	31	△100	△100	△100	△100

《別表四と別表五（一）との検算》
（算式）

別表四　　　別表五（一）　　別表五（一）　　別表五（一）
「48」②　＋　「31」①　　＋「28」〜「30」③　＝「31」④　　… 検算一致
（0）　　　　（△100）　　　　（0）　　　　　　（△100）

1-12　事業税の還付予定額を 未収入金（雑収入）計上した場合

X期において、事業税の中間分60を損金経理により処理しました。X期の所得金額は0が予定されていますので、納付した事業税60は、雑収入（未収入金）で処理しました。X期の税務処理は、どのようになりますか。

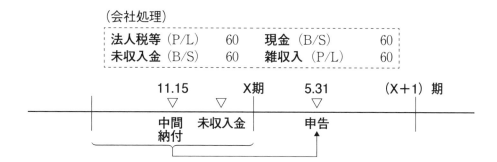

（会社処理）

| 法人税等 (P/L) | 60 | 現金 (B/S) | 60 |
| 未収入金 (B/S) | 60 | 雑収入 (P/L) | 60 |

```
       11.15        X期     5.31      （X+1）期
        ▽      ▽           ▽
      ┌─────────────────┐
      │ 中間  未収入金        申告
      │ 納付
      └──────────────┘
```

解説

1. 税務処理について

事業税の中間分60は、納付をしたX期に確定しますので、X期の費用計上となります（法法22③、法基通9-5-1）。また、還付予定の事業税は、申告書の提出時（（X+1）期）に確定しますので、X期の収益計上の処理はありません。したがって、税務処理は次のとおりです。

（税務処理）

| 法人税等 (P/L) | 60 | 現金 (B/S) | 60 |

2. 修正処理について

会社処理と税務処理とを比較しますと、処理に差異が生じていますので修正処理する必要があります。

（修正処理）

雑収入 （P/L）	60	未収入金 （B/S）	60

① 別表四は「雑収入過大」として60減算（留保）します。

② 別表五（一）は翌期以後の貸借対照表（未収入金）の消去処理のため、「未収入金」として60減算します。

3. 別表調理について

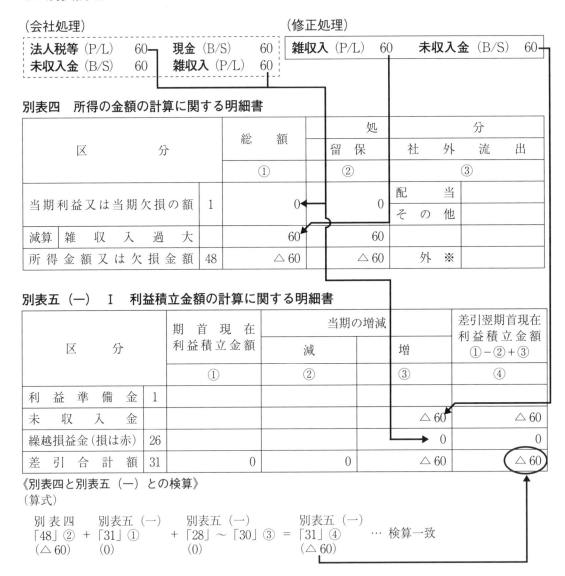

（会社処理）

法人税等 （P/L）	60	現金 （B/S）	60
未収入金 （B/S）	60	雑収入 （P/L）	60

（修正処理）

雑収入 （P/L）	60	未収入金 （B/S）	60

別表四　所得の金額の計算に関する明細書

区　　　分		総　額	処	分	
			留　保	社　外　流　出	
		①	②	③	
当期利益又は当期欠損の額	1	0	0	配　当	
				その他	
減算	雑収入過大	60	60		
所得金額又は欠損金額	48	△60	△60	外　※	

別表五（一）　Ⅰ　利益積立金額の計算に関する明細書

区　　　分		期首現在利益積立金額	当期の増減		差引翌期首現在利益積立金額 ①−②+③
			減	増	
		①	②	③	④
利益準備金	1				
未収入金				△60	△60
繰越損益金（損は赤）	26			0	0
差引合計額	31	0	0	△60	△60

《別表四と別表五（一）との検算》
（算式）

別表四　　別表五（一）　別表五（一）　　別表五（一）
「48」②　+　「31」①　+　「28」〜「30」③ = 「31」④　… 検算一致
（△60）　　（0）　　　　（0）　　　　　　（△60）

1-13 事業税の還付予定額を 未収入金（雑収入）計上した場合（翌期）

X 期の所得金額は 0 でしたので、申告により事業税は 0 となりました。（X＋1）期に中間分の事業税（X 期分）60 が還付されましたので、未収入金で処理しました。（X＋1）期の税務処理は、どのようになりますか。

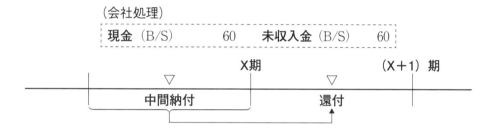

（会社処理）

| 現金（B/S） | 60 | 未収入金（B/S） | 60 |

中間納付　　　　　　　　X期　　　　　　　　還付　　　　　　　　（X＋1）期

解説

1. 税務処理について

X 期にかかる事業税の中間納付額の還付分 60 の収益計上時期は、申告書の提出時（（X＋1）期）に確定します（法法 22②）。したがって、税務処理は次のとおりです。

（税務処理）

| 現金（B/S） | 60 | 雑収入（P/L） | 60 | ← 法法 22② |

2. 修正処理について

会社処理と税務処理とを比較しますと、処理に差異が生じていますので修正処理する必要があります。

（修正処理）

| 未収入金（B/S） | 60 | 雑収入（P/L） | 60 |

① 　別表四は「雑収入計上もれ」として 60 加算（留保）します。

② 　別表五（一）は貸借対照表（未収入金）の消去処理のため、「未収入金」として 60 加算します。

3.　別表調理について

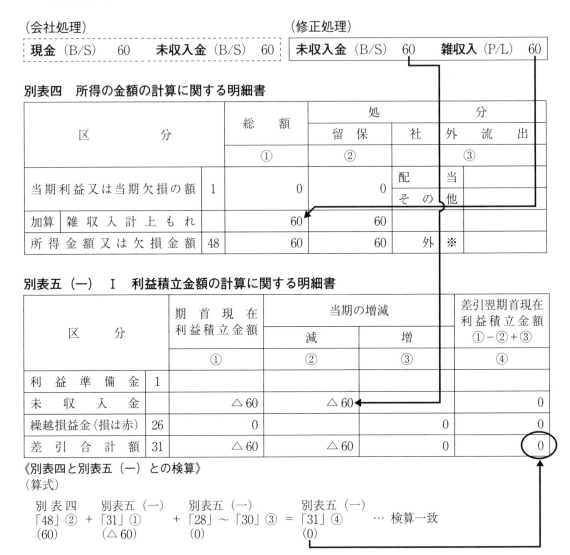

（会社処理）

| 現金（B/S）　60 | 未収入金（B/S）　60 |

（修正処理）

| 未収入金（B/S）　60 | 雑収入（P/L）　60 |

別表四　所得の金額の計算に関する明細書

区　　　分		総　　額	処　　　　　分		
			留　保	社　外　流　出	
		①	②	③	
当期利益又は当期欠損の額	1	0	0	配　当	
				その他	
加算	雑　収　入　計　上　も　れ	60	60		
所　得　金　額　又　は　欠　損　金　額	48	60	60	外　※	

別表五（一）　I　利益積立金額の計算に関する明細書

区　　　分		期　首　現　在 利益積立金額	当期の増減		差引翌期首現在 利益積立金額 ①－②＋③
			減	増	
		①	②	③	④
利　益　準　備　金	1				
未　収　入　金			△60	△60	0
繰越損益金（損は赤）	26	0		0	0
差　引　合　計　額	31	△60	△60	0	0

《別表四と別表五（一）との検算》
（算式）

```
別 表 四      別表五（一）    別表五（一）      別表五（一）
「48」②  ＋ 「31」①    ＋ 「28」～「30」③ ＝ 「31」④  … 検算一致
(60)      (△60)        (0)              (0)
```

1-14　更正処分による前期以前の
　　　　　事業税認容を受け入れた場合

（X−1）期中において（X−3）期と（X−2）期の２期について、法人税の更正処分を受けました。（X−3）期の増差所得に係る事業税30（未払事業税）が（X−2）期において、法人税法上、費用認容されています。X期の５月31日に（X−3）期に係る事業税40を修正申告と同時に納付し、費用計上しました。X期の税務処理は、どのようになりますか。

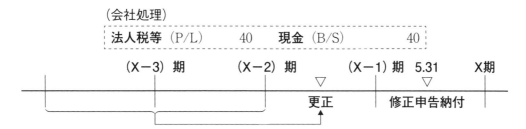

解説

1. 税務処理について

（X−3）期の増差所得に係る事業税40は、申告書の提出時（X期の5.31）に確定していますので、X期の費用計上となります（法法22③、法基通9-5-1）。

（X−1）期以前の別表五（一）に計上された未払事業税30は、既に費用認容されていますので取り崩します（法基通9-5-2）。したがって、差額10を費用計上し税務処理は次のとおりです。

（税務処理）			
法基通9-5-2 →	未払事業税（B/S）	30	現金（B/S）	40
法基通9-5-1 →	法人税等（P/L）	10		

2. 修正処理について

会社処理と税務処理とを比較しますと、処理に差異が生じていますので修正処理する必要があります。

（修正処理）

未払事業税（B/S）	30	法人税等（P/L）	30

① 　別表四は「法人税等否認」として30加算（留保）します。

② 　別表五（一）は貸借対照表（未払事業税）の消去処理のため、「未払事業税」として30加算します。

3.　別表調理について

別表五（二）　租税公課の納付状況等に関する明細書

税目及び事業年度			期首現在 未納税額	当期発生 税　額	当 期 中 の 納 付 税 額			期末現在 未納税額 ①＋②－③ －④－⑤
					充当金取崩し による納付	仮払経理に よる納付	損金経理に よる納付	
			①	②	③	④	⑤	⑥
事		16						
業	（X－2）期	17	30	10			40	0
	当期中間分	18						
税	計	19	30	10			40	0

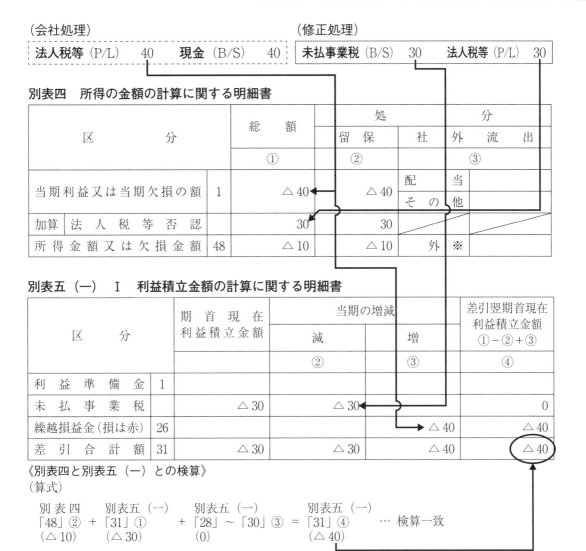

（会社処理）
法人税等（P/L）　40　　現金（B/S）　40

（修正処理）
未払事業税（B/S）　30　　法人税等（P/L）　30

別表四　所得の金額の計算に関する明細書

区　　　分		総　　額	処　　　　分		分
			留　保	社　外　流　出	
		①	②	③	
当期利益又は当期欠損の額	1	△40	△40	配　当 その他	
加算	法人税等否認	30	30		
所得金額又は欠損金額	48	△10	△10	外※	

別表五（一）　I　利益積立金額の計算に関する明細書

区　　　分	期首現在 利益積立金額	当期の増減		差引翌期首現在 利益積立金額 ①－②＋③
		減	増	
		②	③	④
利益準備金	1			
未払事業税		△30	△30	0
繰越損益金（損は赤）	26		△40	△40
差引合計額	31	△30	△30	△40

《別表四と別表五（一）との検算》
（算式）

別表四　　　別表五（一）　　別表五（一）　　　別表五（一）
「48」②　＋　「31」①　　＋　「28」～「30」③　＝　「31」④　　　… 検算一致
（△10）　　　（△30）　　　　（0）　　　　　　　（△40）

1-15　所得税額を仮払金（又は未収入金）により 納付した場合

（X−1）期に係る所得税額 100 を仮払金により納付しました。（X−1）期の税務処理は、どのようになりますか。

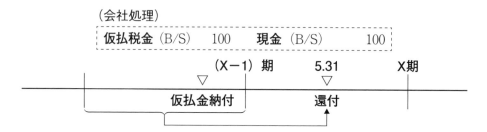

（会社処理）

| 仮払税金 (B/S) | 100 | 現金 (B/S) | 100 |

（X−1）期　　　5.31　　　　X期

仮払金納付　　　還付

解説

1．税務処理について

　所得税 100 は（X−1）期において確定していますので、（X−1）期の費用計上となります（法法 22③）。したがって、税務処理は次のとおりです。

（税務処理）

法法 22③ →

| 所得税額 (P/L) | 100 | 現金 (B/S) | 100 |

2．修正処理について

　会社処理と税務処理とを比較しますと、処理に差異が生じていますので修正処理する必要があります。

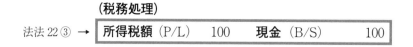

（修正処理）

| 所得税額 (P/L) | 100 | 仮払金 (B/S) | 100 |

（1）　第一ステップ（会計処理との差異）の処理

① 　別表四は「所得税額認容」として100減算（留保）します。

② 　別表五（一）は翌期以後の貸借対照表（仮払税金）の消去処理のため、「仮払税金」として100減算します。

（2）　第二ステップ（別段の定め）の処理

所得税額還付の適用を受ける場合は、別段の定めにより損金不算入となっています（法法40）。

別表四は「法人税額から控除される所得税額」として100加算（流出）します。

3.　別表調理について

別表五（二）　租税公課の納付状況等に関する明細書

税目及び事業年度			期首現在未納税額	当期発生税額	当期中の納付税額			期末現在未納税額①+②-③-④-⑤
					充当金取崩しによる納付	仮払経理による納付	損金経理による納付	
			①	②	③	④	⑤	⑥
そ の 他 の も の	損 金 不 算 入 の も の	加算税及び加算金 24						
		延滞税 25						
		延滞金（延納分を除く。）26						
		過怠税 27						
		所得税額 28		100		100		0
		29						

（会社処理）　　　　　　　　　　　　　　　　（修正処理）

┌─────────────────────────┐　　┌─────────────────────────────┐
│ 仮払税金（B/S） 100　　現金（B/S） 100 │　│ 所得税額（P/L） 100　　仮払金（B/S） 100 │
└─────────────────────────┘　　└─────────────────────────────┘

別表四　所得の金額の計算に関する明細書

区　　　　　分		総　　額	処	分	
			留　保	社　外　流　出	
		①	②	③	
当 期 利 益 又 は 当 期 欠 損 の 額	1	0	0	配　　　当	
				そ　の　他	
減算 所 得 税 額 認 容		100	100		
法 人 税 額 か ら 控 除 さ れ る 所 得 税 額	29	100		そ　の　他	100
所 得 金 額 又 は 欠 損 金 額	48	0	△100	外　※	100

別表五（一）　Ⅰ　利益積立金額の計算に関する明細書

区　　　　　分		期 首 現 在 利益積立金額	当期の増減		差引翌期首現在 利 益 積 立 金 額 ①－②＋③
			減	増	
		①	②	③	④
利 益 準 備 金	1				
仮 払 税 金				△100	△100
繰 越 損 益 金 (損 は 赤)	26	0		0	0
納 税 充 当 金	27	0		0	0
未納法人税等（退職年金等積立金に対するものを除く。） 未納法人税及び未納地方法人税(附帯税を除く。)	28	△	△	中間 △ 確定 △	△
未 納 道 府 県 民 税 （ 均 等 割 額 を 含 む 。）	29	△	△	中間 △ 確定 △	△
未 納 市 町 村 民 税 （ 均 等 割 額 を 含 む 。）	30	△	△	中間 △ 確定 △	△
差 引 合 計 額	31	0		△100	△100

《別表四と別表五（一）との検算》
（算式）

別表四　　　　別表五（一）　　別表五（一）　　　　別表五（一）
「48」②　＋　「31」①　　＋　「28」〜「30」③ ＝ 「31」④　　… 検算一致
（△100）　　 （0）　　　　 （0）　　　　　　　 （△100）

1-16 所得税額を仮払金（又は未収入金）により納付した場合（翌期還付）

（X−1）期の所得金額は0でしたので、X期の申告により所得税額100が8月31日に還付され仮払税金で処理しました。X期の税務処理は、どのようになりますか。

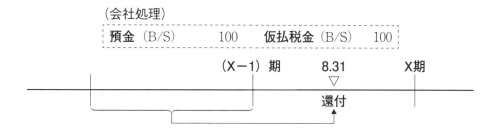

解説

1. 税務処理について

所得税額の還付は還付のあった年度で確定していますので、X期の収益計上となります（法法22②）。したがって、税務処理は次のとおりです。

（税務処理）

預金（P/L）	100	雑収入（P/L）	100	← 法法22②

2. 修正処理について

会社処理と税務処理とを比較しますと、処理に差異が生じていますので修正処理する必要があります。

（修正処理）

仮払税金（B/S）	100	雑収入（P/L）	100

(1) 第一ステップ（会計処理との差異）の処理

① 別表四は「雑収入計上もれ」として100加算（留保）します。

② 別表五（一）は前期計上の貸借対照表（仮払税金）の消去処理のため、「仮払税金」として100加算します。

⑵　第二ステップ（別段の定め）の処理

　還付所得税の額は、別段の定めにより益金不算入となっています（法法26①一）。また、還付所得税の額は、特定同族会社の留保金課税の計算の基礎となっています（法法67③）。別表三（一）の留保所得金額は、還付所得税額が既に留保金額に含まれていますので、申告調整では減算（流出）することとなります（法法67③五）。

　別表四は「所得税額等及び欠損金の繰戻しによる還付金額等」として100減算（流出）します。

　なお、これに類するものとして欠損金の繰戻しによる還付についても同様の処理となります（法法26①四）。

3.　別表調理について

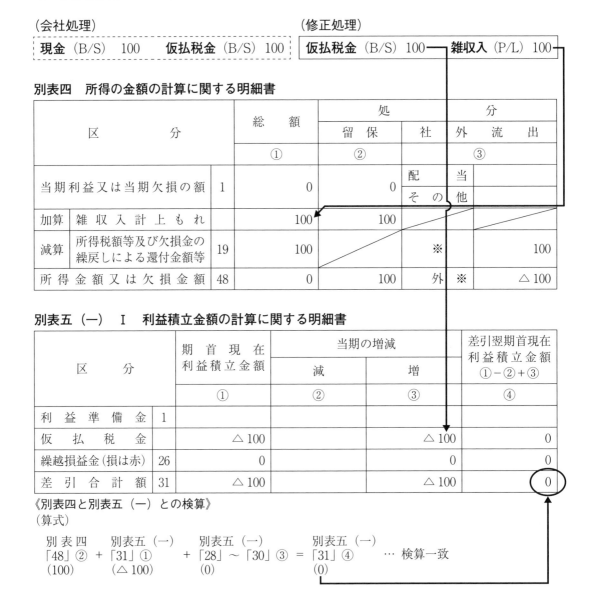

（会社処理）

現金（B/S）　100　　仮払税金（B/S）100

（修正処理）

仮払税金（B/S）100　　雑収入（P/L）100

別表四　所得の金額の計算に関する明細書

区　　分		総　額	処　　分		分		
			留　保	社	外　流　出		
		①	②		③		
当期利益又は当期欠損の額	1	0	0	配　当			
				その他			
加算	雑収入計上もれ		100	100			
減算	所得税額等及び欠損金の繰戻しによる還付金額等	19	100		※		100
所得金額又は欠損金額	48	0	100	外※			△100

別表五（一）　I　利益積立金額の計算に関する明細書

区　　分		期首現在利益積立金額	当期の増減		差引翌期首現在利益積立金額 ①－②＋③
			減	増	
		①	②	③	④
利益準備金	1				
仮払税金			△100	△100	0
繰越損益金（損は赤）	26	0	0	0	0
差引合計額	31	△100		△100	0

《別表四と別表五（一）との検算》
（算式）

別表四　　別表五（一）　　別表五（一）　　　　別表五（一）
「48」②　＋　「31」①　　＋　「28」〜「30」③　＝　「31」④　　　… 検算一致
（100）　　（△100）　　　　（0）　　　　　　（0）

1-17 所得税額還付を雑収入で処理した場合

Q

（X−1）期の所得金額は 0 でしたので、X 期の申告により所得税額 100 が 8 月 31 日に還付され雑収入で処理しました。X 期の税務処理は、どのようになりますか。

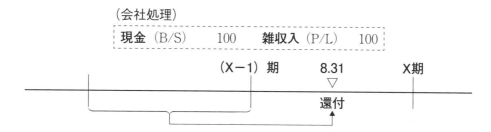

（会社処理）

| 現金（B/S） | 100 | 雑収入（P/L） | 100 |

（X−1）期　　　8.31　　　X期
▽
還付

解説

1. 税務処理について

所得税額の還付は還付のあった年度で確定していますので、X 期の収益計上となります（法法 22 ②）。したがって、税務処理は次のとおりです。

（税務処理）

| 現金（B/S） | 100 | 雑収入（P/L） | 100 | ← 法法 22 ② |

2. 修正処理について

会社処理と税務処理とを比較しますと、B/S 及び P/L の処理に差異が生じていませんので修正処理はありません。

（修正処理）

| なし |

（1）第一ステップ（会計処理との差異）の処理

修正処理はありません。

⑵　第二ステップ（別段の定め）の処理

　還付所得税の額は、別段の定めにより益金不算入となっています（法法26①一）。また、還付所得税の額は、特定同族会社の留保金課税の計算の基礎となっています（法法67③）。留保金課税の計算において、還付所得税額は既に留保金額に含まれているため、申告調整では減算（流出）することとなります（法法67③五）。

　別表四は「所得税額等及び欠損金の繰戻しによる還付金額等」として100減算（流出）します。

　なお、これに類するものとして欠損金の繰戻しによる還付についても同様の処理となります（法法26①四）。

3.　別表調理について

別表五（二）　租税公課の納付状況等に関する明細書

税 目 及 び 事 業 年 度			期首現在未納税額	当期発生税　額	当 期 中 の 納 付 税 額			期末現在未納税額 ①＋②－③ －④－⑤
					充当金取崩しによる納付	仮払経理による納付	損金経理による納付	
			①	②	③	④	⑤	⑥
そ	損金不算入のもの	加算税及び加算金　24						
		延滞税　25						
の		延滞金（延納分を除く。）　26						
		過怠税　27						
他		所得税額　28		△100			△100	0
		29						

（会社処理）

現金（B/S）　100　　**雑収入**（P/L）　100

（修正処理）

なし

別表四　所得の金額の計算に関する明細書

区　　　分		総　額	処　　　　　分		
			留　保	社　外　流　出	
		①	②	③	
当期利益又は当期欠損の額	1	100	100	配　　当	
				その　他	
減算	所得税額等及び欠損金の繰戻しによる還付金額等	19	100		※	100
所　得　金　額　又　は　欠　損　金　額	48	0	100	外　※	△100

別表五（一）　I　利益積立金額の計算に関する明細書

区　　　分		期首現在利益積立金額	当期の増減		差引翌期首現在利益積立金額 ①－②＋③
			減	増	
		①	②	③	④
利　益　準　備　金	1				
繰越損益金（損は赤）	26	0		100	100
差　引　合　計　額	31	0	0	100	100

《別表四と別表五（一）との検算》

（算式）

別表四　　　別表五（一）　　別表五（一）　　　　別表五（一）
「48」②　＋　「31」①　　＋　「28」〜「30」③　＝　「31」④　　　… 検算一致
（100）　　　（0）　　　　　（0）　　　　　　　　（100）

1-18　所得税額還付を納税充当金で処理した場合

　（X−1）期の所得金額は 0 でしたので、X 期の申告により所得税額 100 が 8 月 31 日に還付され納税充当金（期首納税充当金 500）で処理しました。X 期の税務処理は、どのようになりますか。

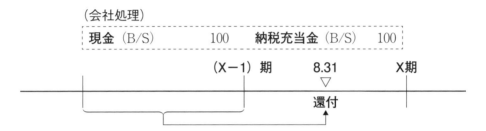

（会社処理）

| 現金（B/S） | 100 | 納税充当金（B/S） | 100 |

　　　　　　　　　（X−1）期　　　 8.31　　　　　X期
　　　　　　　　　　　　　　　　　 ▽
　　　　　　　　　　　　　　　　 還付

解説

1.　税務処理について

　所得税額の還付は還付のあった年度で確定していますので、X 期の収益計上となります（法法 22②）。したがって、税務処理は次のとおりです。

（税務処理）

| 現金（B/S） | 100 | 雑収入（P/L） | 100 | ← 法法 22② |

2.　修正処理について

　会社処理と税務処理とを比較しますと、処理に差異が生じていますので修正処理する必要があります。

（修正処理）

| 納税充当金（B/S） | 100 | 雑収入（P/L） | 100 |

(1)　第一ステップ（会計処理との差異）の処理

①　別表四は「損金経理をした納税充当金」として100加算（留保）します。

②　別表五（一）は貸借対照表（納税充当金）の消去処理のため、「納税充当金」として100加算します。

(2)　第二ステップ（別段の定め）の処理

　還付所得税の額は、別段の定めにより益金不算入となっています（法法26①一）。また、還付所得税の額は、特定同族会社の留保金課税の計算の基礎となっています（法法67③）。留保金課税の計算において、還付所得税額は既に留保金額に含まれているため、申告調整では減算（流出）することとなります（法法67③五）。

　別表四は「所得税額等及び欠損金の繰戻しによる還付金額等」として100減算（流出）します。

　なお、これに類するものとして欠損金の繰戻しによる還付についても同様の処理となります（法法26①四）。

3.　別表調理について

別表五（二）　租税公課の納付状況等に関する明細書

納　税　充　当　金　の　計　算								
期　首　納　税　充　当　金	30	500	取崩額	その他	損金算入のもの	36		
繰入額	損金経理をした納税充当金	31	0			損金不算入のもの	37	
	所　得　税　等　還　付　金	32	100				38	
	計	33	100			仮払税金消却	39	
取崩額	法　人　税　額　等	34		計			40	
	事　業　税	35		期　末　納　税　充　当　金			41	600

（会社処理）

| 現金 (B/S) | 100 | 納税充当金 (B/S) | 100 |

（修正処理）

| 納税充当金 (B/S) | 100 | 雑収入 (P/L) | 100 |

別表四　所得の金額の計算に関する明細書

区　　　　分		総　　額	処　　　　　　　分		
			留　保	社　外　流　出	
		①	②	③	
当 期 利 益 又 は 当 期 欠 損 の 額	1	0	0	配　　当	
				その他	
加算	損金経理をした納税充当金	4	100	100		
減算	所得税額等及び欠損金の繰戻しによる還付金額等	19	100		※	100
所 得 金 額 又 は 欠 損 金 額	48	0	100	外　※	△100

別表五（一）　I　利益積立金額の計算に関する明細書

区　　分		期 首 現 在 利益積立金額	当期の増減		差引翌期首現在 利益積立金額 ①－②＋③
			減	増	
		①	②	③	④
利 益 準 備 金	1				
繰越損益金 (損は赤)	26			0	0
納 税 充 当 金	27	500	△100		600
差 引 合 計 額	31	500	△100	0	600

《別表四と別表五（一）との検算》
（算式）

別 表 四　　　別表五（一）　　　別表五（一）　　　　　別表五（一）
「48」②　＋　「31」①　　＋　「28」〜「30」③　＝　「31」④　　… 検算一致
（100）　　　（500）　　　　　（0）　　　　　　　　（600）

1-19　加算税を損金経理により納付した場合

（X－1）期の法人税の確定申告書は、期限後申告でしたので、無申告加算税 100 の賦課決定通知を 9 月 30 日に受け 11 月 8 日に費用計上しました。X 期の税務処理は、どのようになりますか。

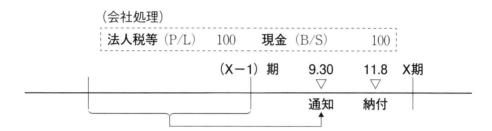

解説

1. 税務処理について

　無申告加算税の債務は、賦課決定のあった 9 月 30 日に確定していますので、X 期の費用計上となります（法法 22 ③、法基通 9-5-1）。したがって、税務処理は次のとおりです。

法基通 9-5-1 →
（税務処理）		
法人税等（P/L）　　100	**現金**（B/S）	100

2. 修正処理について

　会社処理と税務処理とを比較すると、費用計上時期及び計上金額は同額につき、差異は生じませんので修正処理はありません。

（修正処理）
なし

(1)　第一ステップ（会計処理との差異）の処理

　修正処理はありません。

(2)　第二ステップ（別段の定め）の処理

　無申告加算税の額は、別段の定めにより損金不算入となっています（法法55③）。

　別表四は「損金経理をした附帯税（利子税を除く。）、加算金、延滞金（延納分を除く。）及び過怠税」として100加算（流出）します。

　なお、これに類するものとして延滞税、過少申告加算税、不納付加算税及び重加算税並びに印紙税法の過怠税、罰金及び科料等があります。地方税法の規定による延滞金（納期限の延長の場合の延滞金は除く。）、過少申告加算金、不申告加算金及び重加算金も同様の処理となります（法法55）。

3.　別表調理について

別表五（二）　租税公課の納付状況等に関する明細書

税 目 及 び 事 業 年 度			期首現在未納税額	当期発生税　額	当 期 中 の 納 付 税 額			期末現在未納税額 ①＋②－③－④－⑤
					充当金取崩しによる納付	仮払経理による納付	損金経理による納付	
			①	②	③	④	⑤	⑥
そ	損金不算入のもの	加算税及び加算金 24		100			100	0
		延 滞 税 25						
の		延 滞 金（延納分を除く。）26						
		過 怠 税 27						
他		28						

（会社処理）

法人税等（P/L）　100　　現金（B/S）　100

（修正処理）

なし

別表四　所得の金額の計算に関する明細書

区　　　　　分		総　額	処　　　　　　　分		
			留　保	社　外　流　出	
		①	②	③	
当 期 利 益 又 は 当 期 欠 損 の 額	1	△100	△100	配　　当	
				そ　の　他	
加算	損金経理をした附帯税（利子税を除く。）、加算金、延滞金（延納分を除く。）及び過怠税	5	100		その　他	100
所 得 金 額 又 は 欠 損 金 額	48	0	△100	外　※	100

別表五（一）　I　利益積立金額の計算に関する明細書

区　　　分		期 首 現 在 利益積立金額	当期の増減		差引翌期首現在 利益積立金額 ①－②＋③
			減	増	
		①	②	③	④
利 益 準 備 金	1				
繰越損益金（損は赤）	26			△100	100
差 引 合 計 額	31	0		△100	△100

《別表四と別表五（一）との検算》
（算式）

別表四　　別表五（一）　　別表五（一）　　　別表五（一）
「48」②　＋「31」①　　＋「28」～「30」③ ＝「31」④　　… 検算一致
（△100）　（0）　　　　（0）　　　　　　（△100）

1-20　加算税を納税充当金により納付した場合

##

　（X−1）期の法人税の確定申告書は、期限後申告でしたので、無申告加算税100の賦課決定通知を9月30日に受けました。11月8日に納税充当金（期首納税充当金500）により処理しました。X期の税務処理は、どのようになりますか。

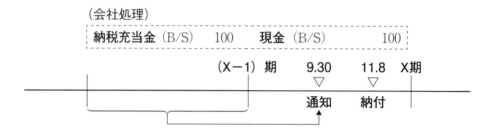

（会社処理）

納税充当金（B/S）	100	現金（B/S）	100

解説

1. 税務処理について

　無申告加算税の債務は、賦課決定のあった9月30日に確定していますので、X期の費用計上となります（法法22③、法基通9-5-1）。したがって、税務処理は次のとおりです。

（税務処理）

法基通9-5-1 →

法人税等（P/L）	100	現金（B/S）	100

2. 修正処理について

　会社処理と税務処理とを比較すると、費用計上時期に差異が生じていますので修正処理する必要があります。

（修正処理）

法人税等（P/L）	100	納税充当金（B/S）	100

(1) 第一ステップ（会計処理との差異）の処理

① 別表四は「納税充当金から支出した事業税等の金額」として100減算（留保）します。

② 別表五（一）は翌期以後の貸借対照表（納税充当金）の消去処理のため、「納税充当金」として100減算します。

(2) 第二ステップ（別段の定め）の処理

無申告加算税の額は、別段の定めにより損金不算入となっています（法法55③）。

別表四は「損金経理をした附帯税（利子税を除く。）、加算金、延滞金（延納分を除く。）及び過怠税」として100加算（流出）します。

なお、これに類するものとして延滞税、過少申告加算税、不納付加算税及び重加算税並びに印紙税法の過怠税、罰金及び科料等があります。地方税法の規定による延滞金（納期限の延長の場合の延滞金は除く。）、過少申告加算金、不申告加算金及び重加算金も同様の処理となります（法法55）。

3. 別表調理について

別表五（二） 租税公課の納付状況等に関する明細書

税目及び事業年度			期首現在未納税額①	当期発生税額②	当期中の納付税額			期末現在未納税額①＋②－③－④－⑤⑥
					充当金取崩しによる納付③	仮払経理による納付④	損金経理による納付⑤	
そ の 他	損金不算入のもの	加算税及び加算金 24		100	100			0
		延 滞 税 25						
		延 滞 金（延納分を除く。） 26						
		過 怠 税 27						
		28						

納 税 充 当 金 の 計 算								
期 首 納 税 充 当 金		30	500		取崩額	その他	損金算入のもの	36	
繰入額	損金経理をした納税充当金	31					損金不算入のもの	37	100
		32						38	
	計	33					仮払税金消却	39	
取崩額	法 人 税 額 等	34				計		40	100
	事 業 税	35			期 末 納 税 充 当 金			41	400

（会社処理）

| 納税充当金（B/S） 100 | 現金（B/S） 100 |

（修正処理）

法人税等（P/L） 100　　**納税充当金**（B/S） 100

別表四　所得の金額の計算に関する明細書

区　　　分		総　額	処　　　　　分		
			留　保	社　外　流　出	
		①	②	③	
当 期 利 益 又 は 当 期 欠 損 の 額	1	0	0	配　当	
				その他	
加算	損金経理をした附帯税（利子税を除く。）、加算金、延滞金（延納分を除く。）及び過怠税	5	100		その他	100
減算	納税充当金から支出した事業税等の金額	13	100	100		
所 得 金 額 又 は 欠 損 金 額	48	0	△100	外　※	100

別表五（一）　Ⅰ　利益積立金額の計算に関する明細書

区　　　分		期 首 現 在 利益積立金額	当期の増減		差引翌期首現在 利益積立金額 ①－②＋③
			減	増	
		①	②	③	④
利 益 準 備 金	1				
繰越損益金（損は赤）	26			0	0
納 税 充 当 金	27	500	100	0	400
差 引 合 計 額	31	500	100		400

《別表四と別表五（一）との検算》

（算式）

別 表 四　　　別表五（一）　　別表五（一）　　　別表五（一）
「48」② ＋ 「31」①　 ＋ 「28」～「30」③ ＝ 「31」④　 … 検算一致
（△100）　　（500）　　　　（0）　　　　　　（400）

1-21 加算税を仮払税金により納付した場合

（X−1）期の法人税の確定申告書は期限後申告でしたので、無申告加算税 100 の賦課決定通知を 9 月 30 日に受けました。11 月 8 日に仮払税金により納付しました。X 期の税務処理は、どのようになりますか。

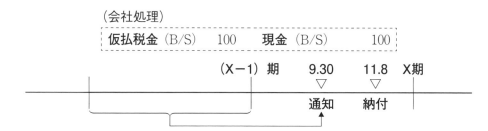

（会社処理）

| 仮払税金（B/S） | 100 | 現金（B/S） | 100 |

（X−1）期　9.30　11.8　X期
▽　　▽
通知　納付

解説

1. 税務処理について

無申告加算税の債務は、賦課決定のあった 9 月 30 日に確定していますので、X 期の費用計上となります（法法 22③、法基通 9-5-1）。したがって、税務処理は次のとおりです。

（税務処理）

法基通 9-5-1 →

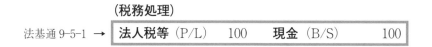

| 法人税等（P/L） | 100 | 現金（B/S） | 100 |

2. 修正処理について

会社処理と税務処理とを比較すると、費用計上時期に差異が生じていますので修正処理する必要があります。

（修正処理）

| 法人税等（P/L） | 100 | 仮払税金（B/S） | 100 |

(1) 第一ステップ（会計処理との差異）の処理

① 別表四は「法人税等認容」として100減算（留保）します。

② 別表五（一）は翌期以後の貸借対照表（仮払税金）の消去処理のため、「仮払税金」として100減算します。

(2) 第二ステップ（別段の定め）の処理

無申告加算税の額は、別段の定めにより損金不算入となっています（法法55③）。

別表四は「損金経理をした附帯税（利子税を除く。）、加算金、延滞金（延納分を除く。）及び過怠税」として100加算（流出）します。

なお、これに類するものとして延滞税、過少申告加算税、不納付加算税及び重加算税並びに印紙税法の過怠税、罰金及び科料等があります。地方税法の規定による延滞金（納期限の延長の場合の延滞金は除く。）、過少申告加算金、不申告加算金及び重加算金も同様の処理となります（法法55）。

3. 別表調理について

別表五（二）　租税公課の納付状況等に関する明細書

税目及び事業年度			期首現在未納税額	当期発生税額	当期中の納付税額			期末現在未納税額 ①＋②－③－④－⑤
					充当金取崩しによる納付	仮払経理による納付	損金経理による納付	
			①	②	③	④	⑤	⑥
そ	損金不算入のもの	加算税及び加算金　24		100		100		0
		延滞税　25						
の		延滞金（延納分を除く。）　26						
		過怠税　27						
他		28						

（会社処理）

仮払税金（B/S）100　　　現金（B/S）100

（修正処理）

法人税等（P/L）100　　　仮払税金（B/S）100

別表四　所得の金額の計算に関する明細書

区　　　　　分		総　　額	処	分		
			留　保	社　外　流　出		
		①	②	③		
当 期 利 益 又 は 当 期 欠 損 の 額	1	0	0	配　　　当		
				そ　の　他		
加算	損金経理をした附帯税（利子税を除く。）、加算金、延滞金（延納分を除く。）及び過怠税	5	100		その　他	100
減算	法　人　税　等　認　容		100	100		
所 得 金 額 又 は 欠 損 金 額	48	0	△100	外　※		100

別表五（一）　I　利益積立金額の計算に関する明細書

区　　　分		期 首 現 在 利 益 積 立 金 額	当 期 の 増 減		差引翌期首現在 利 益 積 立 金 額 ①－②＋③
			減	増	
		①	②	③	④
利 益 準 備 金	1				
仮 払 税 金				△100	△100
繰越損益金（損は赤）	26			0	0
差 引 合 計 額	31	0		△100	△100

《別表四と別表五（一）との検算》
（算式）

別表四　　　別表五（一）　　別表五（一）　　　別表五（一）
「48」②　＋　「31」①　　 ＋ 「28」～「30」③ ＝ 「31」④　　　… 検算一致
（△100）　　（0）　　　　　（0）　　　　　　　（△100）

1-22　加算税を仮払税金により納付した場合（翌期）

Q

　X期において期限後申告に係る無申告加算税を仮払税金により納付していましたが、（X＋1）期において仮払税金を法人税等により消去処理しました。（X＋1）期の税務処理は、どのようになりますか。

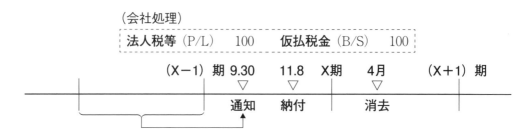

（会社処理）
法人税等（P/L）　100　　仮払税金（B/S）　100

（X－1）期 9.30　11.8　X期　4月　（X+1）期
▽　▽　▽
通知　納付　消去

解説

1. 税務処理について

　無申告加算税の債務は、賦課決定のあったX期の9月30日に確定していますので、X期の費用計上となります（法法22③、法基通9-5-1）。したがって、（X＋1）期の処理はありません。

（税務処理）
なし

2. 修正処理について

　会社処理と税務処理とを比較すると、費用計上時期に差異が生じていますので修正処理する必要があります。

（修正処理）
仮払税金（B/S）　100　　法人税等（P/L）　100

① 別表四は「法人税等否認」として100加算（留保）します。

② 別表五（一）は貸借対照表（仮払税金）の消去処理のため、「仮払税金」として100加算します。

3. 別表調理について

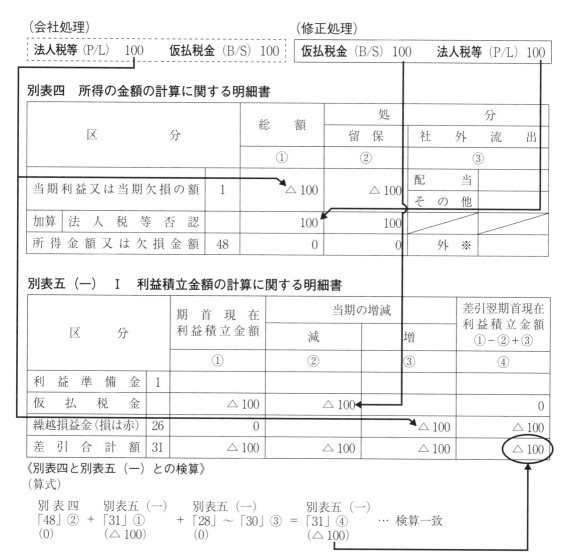

（会社処理）

法人税等（P/L）100	仮払税金（B/S）100

（修正処理）

仮払税金（B/S）100	法人税等（P/L）100

別表四　所得の金額の計算に関する明細書

区　　分		総　額	処　　　　分		
			留　保	社　外　流　出	
		①	②	③	
当期利益又は当期欠損の額	1	△100	△100	配　当	
				その他	
加算	法人税等否認	100	100		
所得金額又は欠損金額	48	0	0	外　※	

別表五（一）　I　利益積立金額の計算に関する明細書

区　　分		期首現在利益積立金額	当期の増減		差引翌期首現在利益積立金額 ①－②+③
			減	増	
		①	②	③	④
利益準備金	1				
仮払税金			△100	△100	0
繰越損益金（損は赤）	26	0		△100	△100
差引合計額	31	△100	△100	△100	△100

《別表四と別表五（一）との検算》

（算式）

別表四「48」②　+　別表五（一）「31」①　+　別表五（一）「28」～「30」③　=　別表五（一）「31」④　… 検算一致
(0)　　　　　　　(△100)　　　　　　(0)　　　　　　　　(△100)

1-23　加算税を見積り計上（未払金）した場合

（X−2）期の法人税の修正申告書をX期に提出予定であったため、（X−1）期において延滞税及び加算税額を損金経理により、20を未払金で見積り計上しました。（X−1）期の税務処理は、どのようになりますか。

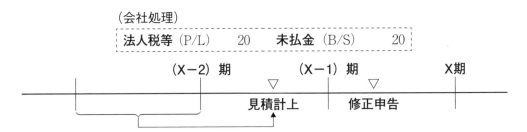

（会社処理）

| 法人税等 (P/L) | 20 | 未払金 (B/S) | 20 |

（X−2）期　　　　　（X−1）期　　　　　X期

見積計上　　　　修正申告

解説

1. 税務処理について

所得の金額の計算上、販売費、一般管理費の額は、別段の定めがあるものを除き損金算入することができますが、債務の確定しないものは損金不算入となります（法法22③二）。したがって、（X−1）期の税務処理はありません。

（税務処理）

| なし |

2. 修正処理について

会社処理と税務処理とを比較すると、費用計上時期に差異が生じていますので修正処理する必要があります。

（修正処理）

| 未払金 (B/S) | 20 | 法人税等 (P/L) | 20 |

① 別表四は「法人税等否認」として20加算（留保）します。
② 別表五（一）は翌期以後の貸借対照表（未払金）の消去処理のため、「未払金」として20加算します。

3. 別表調理について

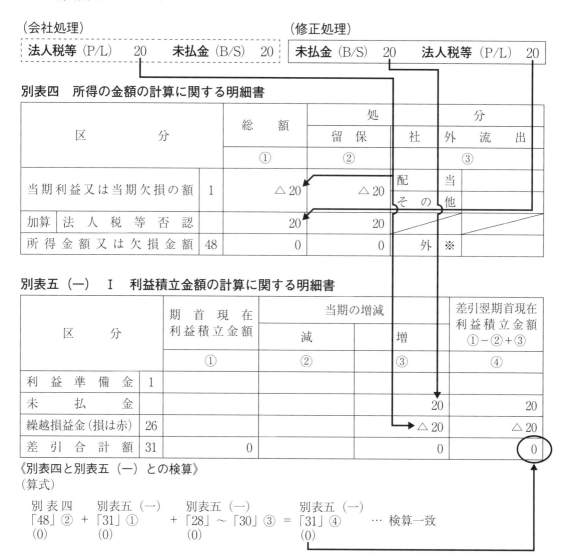

（会社処理）
法人税等（P/L）20　未払金（B/S）20

（修正処理）
未払金（B/S）20　法人税等（P/L）20

別表四　所得の金額の計算に関する明細書

区　　分		総　額	処　　分		
			留　保	社外流出	
		①	②	③	
当期利益又は当期欠損の額	1	△20	△20	配当	
				その他	
加算	法人税等否認	20	20		
所得金額又は欠損金額	48	0	0	外※	

別表五（一）　I　利益積立金額の計算に関する明細書

区　分	期首現在利益積立金額	当期の増減		差引翌期首現在利益積立金額 ①−②+③
		減	増	
	①	②	③	④
利益準備金	1			
未払金			20	20
繰越損益金（損は赤）	26		△20	△20
差引合計額	31	0	0	0

《別表四と別表五（一）との検算》
（算式）

別表四「48」②　+　別表五（一）「31」①　+　別表五（一）「28」〜「30」③　=　別表五（一）「31」④　… 検算一致
（0）　　　　（0）　　　　　　（0）　　　　　　（0）

1-24　加算税を見積り計上（未払金）した場合（翌期）

Q

　（X−2）期の法人税の修正申告書をX期に提出したので、過少申告加算税20の賦課決定通知を6月30日に受け7月7日に20納付し、未払金により処理しました。X期の税務処理は、どのようになりますか。

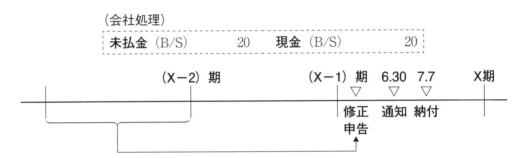

（会社処理）

| 未払金（B/S） | 20 | 現金（B/S） | 20 |

　　　　　　　　（X−2）期　　　　　　　　　（X−1）期　6.30　7.7　　X期
　　　　　　　　　　　　　　　　　　　　　　　　　　▽　　▽　　▽
　　　　　　　　　　　　　　　　　　　　　　　　　修正　通知　納付
　　　　　　　　　　　　　　　　　　　　　　　　　申告

解説

1. 税務処理について

　過少申告加算税の債務は、賦課決定のあった6月30日に確定していますので、X期の費用計上となります（法法22③、法基通9-5-1）。したがって、税務処理は次のとおりです。

（税務処理）

法基通9-5-1 →

| 法人税等（P/L） | 20 | 現金（B/S） | 20 |

2. 修正処理について

　会社処理と税務処理とを比較すると、費用計上時期に差異が生じていますので修正処理する必要があります。

（修正処理）

| 法人税等（P/L） | 20 | 未払金（B/S） | 20 |

⑴　第一ステップ（会計処理との差異）の処理

① 別表四は「法人税等認容」として 20 減算（留保）します。

② 別表五（一）は貸借対照表（未払金）の消去処理のため、「未払金」として 20 減算します。

⑵　第二ステップ（別段の定め）の処理

過少申告加算税の額は、別段の定めにより損金不算入となっています（法法 55 ③）。

別表四は「損金経理をした附帯税（利子税を除く。）、加算金、延滞金（延納分を除く。）及び過怠税」として 20 加算（流出）します。

なお、これに類するものとして延滞税、無申告加算税、不納付加算税及び重加算税並びに印紙税法の過怠税、罰金及び科料等があります。地方税法の規定による延滞金（納期限の延長の場合の延滞金は除く。）、過少申告加算金、不申告加算金及び重加算金も同様の処理となります（法法 55）。

3. 別表調理について

（会社処理）

| 未払金（B/S） | 20 | 現金（B/S） | 20 |

（修正処理）

| 法人税等（P/L） | 20 | 未払金（B/S） | 20 |

別表四　所得の金額の計算に関する明細書

区　　　　　分	総　　額	処	分		
		留　保	社　外　流　出		
	①	②	③		
当 期 利 益 又 は 当 期 欠 損 の 額　1	0	0	配　　当		
			その他		
加算	損金経理をした附帯税（利子税を除く。）、加算金、延滞金（延納分を除く。）及び過怠税　5	20		その他		20
減算	法 人 税 等 認 容	20	20			
所 得 金 額 又 は 欠 損 金 額　48	0	△20	外　※		20

別表五（一）　I　利益積立金額の計算に関する明細書

区　　　分	期 首 現 在 利 益 積 立 金 額	当期の増減		差引翌期首現在 利 益 積 立 金 額 ①－②+③
		減	増	
	①	②	③	④
利 益 準 備 金　1				
未 払 金	20	20		0
繰越損益金（損は赤）　26	△20		0	△20
差 引 合 計 額　31	0	20	0	△20

《別表四と別表五（一）との検算》

（算式）

| 別 表 四 「48」② （△20） | + | 別表五（一） 「31」① （0） | + | 別表五（一） 「28」～「30」③ （0） | = | 別表五（一） 「31」④ （△20） | … 検算一致 |

1-25 有税引当金について税効果会計により繰延税金資産とした場合

Q

貸倒引当金繰入限度超過額200（有税引当金）に係る税効果相当額として、実効税率30％で繰延税金資産60を法人税等調整額として処理しました。X期の税務処理は、どのようになりますか。

※ 未払法人税等240 ＝（税引前当期利益600 ＋ 有税引当金200）× 30％

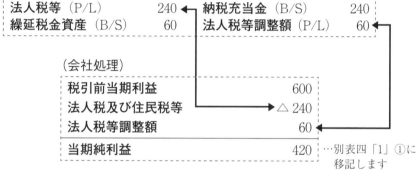

解説

1. 税務処理について

所得の金額の計算上、販売費、一般管理費の額は、別段の定めがあるものを除き損金算入することができますが、債務の確定しないものは損金不算入となります（法法22③二）。本件では法人税の債務の確定は翌期となります。したがって、X期の法人税等及び法人税等調整額は、損金不算入となりますので処理はありません。

（税務処理）

なし

2. 修正処理について

会社処理と税務処理とを比較すると、費用計上時期に差異が生じていますので修正処理する必要があります。

（修正処理）

| 納税充当金（B/S） | 240 | 法人税等（P/L） | 240 |
| 法人税等調整額（P/L） | 60 | 繰延税金資産（B/S） | 60 |

① 別表四は「損金経理をした納税充当金」として240加算（留保）、「法人税等調整額否認」として60減算（留保）します。

② 別表五（一）は翌期以後の貸借対照表（納税充当金、繰延税金資産）の消去処理のため、「納税充当金」として240加算、「繰延税金資産」として60減算します。

3. 別表調理について

別表五（二）　租税公課の納付状況等に関する明細書

税 目 及 び 事 業 年 度				期首現在未納税額	当期発生税額	当 期 中 の 納 付 税 額			期末現在未納税額 ①＋②－③－④－⑤
						充当金取崩しによる納付	仮払経理による納付	損金経理による納付	
				①	②	③	④	⑤	⑥
地方法人税及び法人税			1						
	（X－1）期		2						
	当期分	中間	3						
		確定	4		240				240
	計		5		240				240

納 税 充 当 金 の 計 算								
期 首 納 税 充 当 金		30	0		その他	損金算入のもの	36	
繰入額	損金経理をした納税充当金	31	240	取崩額		損金不算入のもの	37	
		32					38	
	計	33	240			仮払税金消却	39	
取崩額	法 人 税 額 等	34	0		計		40	
	事 業 税	35		期 末 納 税 充 当 金			41	240

（会社処理）

法人税等（P/L）	240	納税充当金（B/S）	240
繰延税金資産（B/S）	60	法人税等調整額（P/L）	60

（修正処理）

納税充当金（B/S）	240	法人税等（P/L）	240
法人税等調整額（P/L）	60	繰延税金資産（B/S）	60

別表四　所得の金額の計算に関する明細書

区　　　分		総　額	処	分	
			留　保	社外流出	
		①	②	③	
当 期 利 益 又 は 当 期 欠 損 の 額	1	420	420	配　当	
				その他	
加算	損金経理をした納税充当金	4	240	240		
	貸 倒 引 当 金 繰 入 額		200	200		
減算	法 人 税 等 調 整 額 否 認		60	60		
所 得 金 額 又 は 欠 損 金 額	48	800	800	外 ※	

別表五（一）　Ⅰ　利益積立金額の計算に関する明細書

区　　　分		期首現在利益積立金額	当期の増減		差引翌期首現在利益積立金額 ①－②＋③
			減	増	
		①	②	③	④
利 益 準 備 金	1				
貸 倒 引 当 金 超 過 額				200	200
繰 延 税 金 資 産				△ 60	△ 60
繰 越 損 益 金 （ 損 は 赤 ）	26			420	420
納 税 充 当 金	27			240	240
未納法人税等（退職年金等積立金に対するものを除く。）	未納法人税及び未納地方法人税（附帯税を除く。） 28	△	△	中間 △	△ 240
				確定 △ 240	
	未 納 道 府 県 民 税（均等割額を含む。） 29	△	△	中間 △	△
				確定 △	
	未 納 市 町 村 民 税（均等割額を含む。） 30	△	△	中間 △	△
				確定 △	
差 引 合 計 額	31	0		560	560

《別表四と別表五（一）との検算》
（算式）

別表四　　　別表五（一）　　別表五（一）　　　別表五（一）
「48」②　＋　「31」①　　＋　「28」～「30」③　＝　「31」④　　　… 検算一致
（800）　　　（0）　　　　　（△ 240）　　　　　（560）

第2章

圧縮記帳及び剰余金処分

X期において、A 土地を売却し代替資産として B 土地を取得しました。特定資産の買換えの圧縮記帳の適用要件を満たしていますので、損金経理により圧縮記帳の繰入経理をしました。会社処理は次のとおりですが、圧縮限度額が 40 の場合、X 期の申告調整は、どのようになりますか。

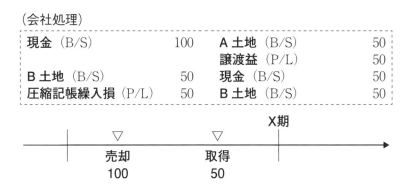

（会社処理）

現金（B/S）	100	A 土地（B/S）	50
		譲渡益（P/L）	50
B 土地（B/S）	50	現金（B/S）	50
圧縮記帳繰入損（P/L）	50	B 土地（B/S）	50

X期

売却　　　　　取得
100　　　　　50

解説

1. 税務処理について

　特定資産の買換えの圧縮記帳は、①買換資産の帳簿価額を損金経理により直接減額する方法、②剰余金処分により積立金を積立てて別表四で減算する方法等があります（措法 65 の 7 ①）。本件では損金経理により直接減額する方法を選択していますので、圧縮限度額 40 の範囲内で圧縮記帳繰入損が認められます。したがって、税務処理は次のとおりです。

（税務処理）

措法 65 の 7 ①
→

現金（B/S）	100	A 土地（B/S）	50
		譲渡益（P/L）	50
B 土地（B/S）	50	現金（B/S）	50
圧縮記帳繰入損（P/L）	40	B 土地（B/S）	40

2. 修正処理について

　会社処理と税務処理とを比較しますと、処理に差異が生じていますので修正処理する必要があります。

（修正処理）

| B 土地（B/S） | 10 | 圧縮記帳繰入損（P/L） | 10 |

①　別表四は「圧縮記帳繰入損過大」として10加算（留保）します。

②　別表五（一）は翌期以後の貸借対照表（B 土地）の消去処理のため、「B 土地」として10加算します。

3.　別表調理について

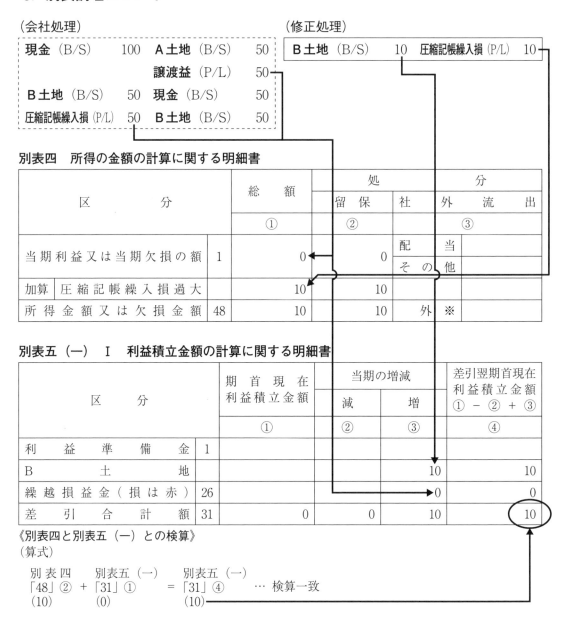

（会社処理）

現金（B/S）	100	A 土地（B/S）	50
		譲渡益（P/L）	50
B 土地（B/S）	50	現金（B/S）	50
圧縮記帳繰入損（P/L）	50	B 土地（B/S）	50

（修正処理）

| B 土地（B/S） | 10 | 圧縮記帳繰入損（P/L） | 10 |

別表四　所得の金額の計算に関する明細書

区　　　分		総　額	処		分		
			留　保	社	外　流　出		
		①	②		③		
当期利益又は当期欠損の額	1	0	0	配	当		
				そ の	他		
加算	圧縮記帳繰入損過大		10	10			
所得金額又は欠損金額	48	10	10	外	※		

別表五（一）　I　利益積立金額の計算に関する明細書

区　　　分		期首現在利益積立金額	当期の増減		差引翌期首現在利益積立金額 ① − ② + ③
			減	増	
		①	②	③	④
利　益　準　備　金	1				
B　　　　土　　　　地				10	10
繰越損益金（損は赤）	26			0	0
差　引　合　計　額	31	0	0	10	10

《別表四と別表五（一）との検算》
（算式）

別表四　　　別表五（一）　　　別表五（一）
「48」② ＋ 「31」① ＝ 「31」④　　… 検算一致
（10）　　　（0）　　　　（10）

2-2　剰余金処分による圧縮記帳

　X 期において、A 土地を売却し代替資産として B 土地を取得しました。特定資産の買換え
の圧縮記帳の適用要件を満たしていますので、剰余金処分により土地圧縮記帳積立金の経理
処理をしました。会社処理は次のとおりですが、圧縮限度額が 40 の場合、X 期の申告調整
は、どのようになりますか。

（会社処理）

現金（B/S）	100	A 土地（B/S）	50
		譲渡益（P/L）	50
B 土地（B/S）	50	現金（B/S）	50
利益剰余金（B/S）	50	土地圧縮記帳積立金（B/S）	50

```
                          X期
     ▽           ▽              ▽
────┼──────────────────┼──────────────────→
    売却          取得           株主総会
    100           50              50
```

解説

1. 税務処理について

　特定資産の買換えの圧縮記帳は、①買換資産の帳簿価額を損金経理により直接減額する方法、
②剰余金処分により積立金を積立てて別表四で減算する方法等があります（措法 65 の 7 ①）。
本件では剰余金処分により積立金を積み立てる方法を選択していますので、圧縮限度額 40
の範囲内で圧縮記帳繰入損 40 が認められます。したがって、税務処理は次のとおりです。

（税務処理）

現金（B/S）	100	A 土地（B/S）	50
		譲渡益（P/L）	50
B 土地（B/S）	50	現金（B/S）	50
利益剰余金（B/S）	50	土地圧縮記帳積立金（B/S）	50
措法 65 の 7 ① → 土地圧縮記帳積立金繰入損（P/L）	40	B 土地（B/S）	40

2.　修正処理について

　会社処理と税務処理とを比較しますと、処理に差異が生じていますので修正処理する必要があります。

（修正処理）

土地圧縮記帳積立金繰入損 (P/L)	40	B 土地 (B/S)	40

① 　別表四は「土地圧縮記帳積立金繰入損」として 40 減算（留保）します。

② 　別表五（一）は翌期以後の貸借対照表（B 土地）の消去処理のため、「B 土地」として 40 減算します。

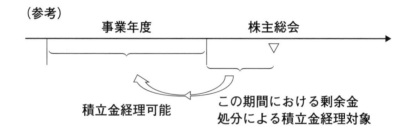

（参考）

（参考）
租税特別措置法

（特定の資産の買換えの場合の課税の特例）
第 65 条の 7　法人（清算中の法人を除く。以下この款において同じ。）が、〜中略〜当該買換資産につき、その圧縮基礎取得価額に差益割合を乗じて計算した金額の 100 分の 80 に相当する金額（以下この項及び第 9 項において「圧縮限度額」という。）の範囲内でその帳簿価額を損金経理により減額し、又はその帳簿価額を減額することに代えてその圧縮限度額以下の金額を当該事業年度の確定した決算において積立金として積み立てる方法（当該事業年度の決算の確定の日までに剰余金の処分により積立金として積み立てる方法を含む。）により経理したときに限り、その減額し、又は経理した金額に相当する金額は、当該事業年度の所得の金額の計算上、損金の額に算入する。

「積立金方式による諸準備金等の種類別の明細表」の作成

　　貸借対照表の純資産の部には、諸準備金等が税効果相当額を控除した純額により計上されることとなっています。そこで税務上の諸準備金等の積立額を明らかにするために、「積立金方式による諸準備金等の種類別の明細表」を作成して、法人税申告書に添付しなければなりません（個別財務諸表における税効果会計に関する実務指針 46）。この明細書の「繰入額」と「取崩額」が別表五（一）と一致するか確認してください。

記入例

種類 （適用法令）	科目	期首残高			税率変更による調整額		
		年　月　日 現在 繰延税金負債	年　月　日 現在 準備金等	一時 差異	法人税等調整額による調整額	第　期 準備金等 調整額	税率変更後一時差異
固定資産圧縮記帳額（租税特別措置法65の7条1項17号）	繰延税金負債						
	固定資産圧縮積立金額						
合計							

繰入額			取崩高			期末残高		
法人税等調整額による調整額	第　期 準備金等 調整額	一時 差異 増加額	法人税等調整額による調整額	第　期 準備金等 調整額	一時 差異 減少額	年　月　日 現在 繰延税金負債	第　期 準備金等	一時 差異

3. 別表調理について

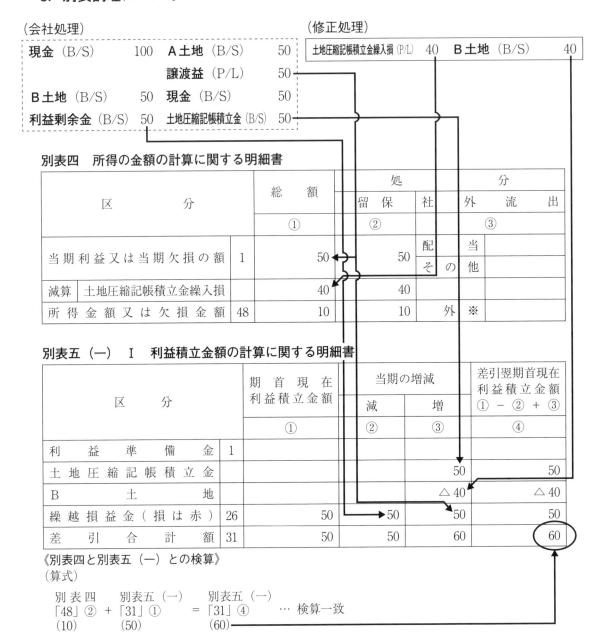

（会社処理）

現金 （B/S）	100	Ａ土地 （B/S）	50
		譲渡益 （P/L）	50
Ｂ土地 （B/S）	50	現金 （B/S）	50
利益剰余金 （B/S）	50	土地圧縮記帳積立金 （B/S）	50

（修正処理）

| 土地圧縮記帳積立金繰入損 (P/L) | 40 | Ｂ土地 （B/S） | 40 |

別表四　所得の金額の計算に関する明細書

区　　　分		総　額	処		分		
			留　保	社	外　流　出		
		①	②		③		
当期利益又は当期欠損の額	1	50	50	配	当		
				その	他		
減算 土地圧縮記帳積立金繰入損		40	40				
所得金額又は欠損金額	48	10	10	外	※		

別表五（一）　Ⅰ　利益積立金額の計算に関する明細書

区　　　分		期首現在利益積立金額	当期の増減		差引翌期首現在利益積立金額 ① － ② ＋ ③
			減	増	
		①	②	③	④
利　益　準　備　金	1				
土地圧縮記帳積立金				50	50
Ｂ　　土　　地				△40	△40
繰越損益金（損は赤）	26	50	50	50	50
差　引　合　計　額	31	50	50	60	60

《別表四と別表五（一）との検算》

（算式）

別表四　　別表五（一）　　別表五（一）
「48」②　＋　「31」①　　＝　「31」④　　… 検算一致
（10）　　　（50）　　　　　（60）

2-3 損金経理による圧縮記帳特別勘定

X期において、A土地を100で売却し、（X+1）期に代替資産としてB土地を50で取得する予定です。「特定の資産の譲渡に伴い特別勘定を設けた場合の課税の特例（措法65の8）」の適用の要件を満たしていますので、損金経理により圧縮記帳特別勘定繰入損50を経理処理しました。特別勘定の損金算入限度額が40の場合、X期の申告調整は、どのようになりますか。

（会社処理）

現金（B/S）	100	A土地（B/S）	50
		譲渡益（P/L）	50
圧縮記帳特別勘定繰入損（P/L）	50	圧縮記帳特別勘定（B/S）	50

```
                       X期              （X+1）期
    ─┬───────▽────────┬──────▽──────┬──→
            売却100            取得予定50
```

解説

1. 税務処理について

特定資産の譲渡に伴う特別勘定の課税の特例は、①損金経理により特別勘定を設ける方法、②剰余金処分により特別勘定を積立てて別表四で減算する方法の選択があります。この特例は、譲渡の日を含む事業年度において特別勘定で経理した場合に限り、損金算入が認められています（措法65の8①）。

取得見込み資産については、「特定の資産の譲渡に伴う特別勘定を設けた場合の取得予定資産の明細書」の添付が要件となっています（措法65の8⑯）。本件では、損金経理により特別勘定を設ける方法を選択していますので、圧縮限度額の範囲内で圧縮記帳特別勘定繰入損40が認められます。したがって、税務処理は次のとおりです。

（税務処理）

現金（B/S）	100	A土地（B/S）	50
		譲渡益（P/L）	50
B土地（B/S）	50	現金（B/S）	50
圧縮記帳特別勘定繰入損（P/L）	40	圧縮記帳特別勘定（B/S）	40

措法65の8①→

2. 修正処理について

　会社処理と税務処理とを比較しますと、処理に差異が生じていますので修正処理する必要があります。

（修正処理）

圧縮記帳特別勘定（B/S）	10	圧縮記帳特別勘定繰入損（P/L）	10

① 　別表四は「圧縮記帳特別勘定繰入損過大」として 10 加算（留保）します。

② 　別表五（一）は翌期以後の貸借対照表（圧縮記帳特別勘定）の消去処理のため、「圧縮記帳特別勘定」として 10 加算します。

3. 別表調理について

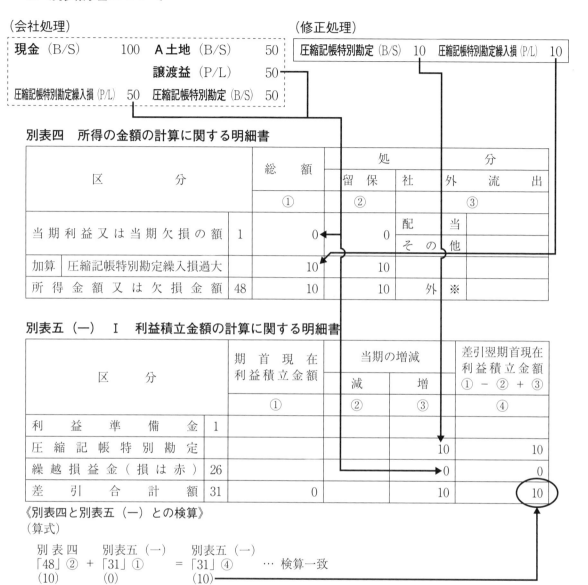

（会社処理）

現金（B/S）	100	A土地（B/S）	50
		譲渡益（P/L）	50
圧縮記帳特別勘定繰入損（P/L）	50	圧縮記帳特別勘定（B/S）	50

（修正処理）

| 圧縮記帳特別勘定（B/S） | 10 | 圧縮記帳特別勘定繰入損（P/L） | 10 |

別表四　所得の金額の計算に関する明細書

区　　　　分		総　額	処　　　　　分		
			留　保	社　外　流　出	
		①	②		③
当期利益又は当期欠損の額	1	0	0	配　当	
				その他	
加算	圧縮記帳特別勘定繰入損過大	10	10		
所　得　金　額　又　は　欠　損　金　額	48	10	10	外　※	

別表五（一）　I　利益積立金額の計算に関する明細書

区　　　分		期　首　現　在 利益積立金額	当期の増減		差引翌期首現在 利益積立金額 ① － ② + ③
			減	増	
		①	②	③	④
利　　益　　準　　備　　金	1				
圧　縮　記　帳　特　別　勘　定				10	10
繰　越　損　益　金（損　は　赤）	26			0	0
差　　引　　合　　計　　額	31	0		10	⑩

《別表四と別表五（一）との検算》
（算式）

別表四　　　別表五（一）　　別表五（一）
「48」②　＋　「31」①　　＝　「31」④　　… 検算一致
（10）　　　　（0）　　　　　　（10）

2-4　損金経理による圧縮記帳特別勘定（翌期の処理）

 Q

　X 期において計上した圧縮記帳特別勘定 50 は、(X＋1) 期に取り崩しました。また、予定どおり B 土地を取得しましたので、損金経理により圧縮記帳繰入損 50 を経理処理しました。会社の経理は、次のとおりです。圧縮限度額が 40 の場合、(X＋1) 期の申告調整は、どのようになりますか。

```
                                    X期              (X＋1) 期
  ───┼──────▽──────┼──────▽──────┼────────▶
         売却100                     取得50
```

別表五（一）… (X＋1) 期の期首の状況
Ⅰ　利益積立金額の計算に関する明細書

区　　　　　分	期首現在利益積立金額
圧 縮 記 帳 特 別 勘 定	10
繰越損益金（損は赤）	0
差　　引　　合　　計	10

（会社処理）

B 土地（B/S）	50	現金（B/S）	50
圧縮記帳特別勘定（B/S）	50	圧縮記帳特別勘定取崩益（P/L）	50
圧縮記帳繰入損（P/L）	50	土地（B/S）	50

解説

1.　税務処理について

　X 期計上の法人税法上の圧縮記帳特別勘定 40 は、(X＋1) 期の B 土地取得により取崩して益金の額に算入しなければなりません（措法 65 の 8 ⑨）。

　特定資産の買換えの圧縮記帳は、①買換資産の帳簿価額を損金経理により直接減額する方法、②剰余金処分により積立金を積立てて別表四で減算する方法等があります（措法 65 の 7 ①）。本件では損金経理による圧縮記帳の方法を選択していますので、圧縮限度額 40 の範囲内で圧縮記帳繰入損 40 が認められます。したがって、税務処理は次のとおりです。

（税務処理）

措法65
の7① →

B 土地（B/S）	50	現金（B/S）	50
圧縮記帳特別勘定（B/S）	40	圧縮記帳特別勘定取崩益（P/L）	40
圧縮記帳繰入損（P/L）	40	B 土地（B/S）	40

← 措法65
の8⑨

2. 修正処理について

　会社処理と税務処理とを比較しますと、処理に差異が生じていますので修正処理する必要があります。

（修正処理）

| 圧縮記帳特別勘定取崩益（P/L） | 10 | 圧縮記帳特別勘定（B/S） | 10 |
| B 土地（B/S） | 10 | 圧縮記帳繰入損（P/L） | 10 |

①　別表四は「圧縮記帳特別勘定取崩益過大」として10減算（留保）、「圧縮記帳繰入損過大」として10加算（留保）します。

②　別表五（一）は翌期以後の貸借対照表（圧縮記帳特別勘定、B 土地）の消去処理のため、「圧縮記帳特別勘定」として10減算、「B 土地」として10加算します。

3. 別表調理について

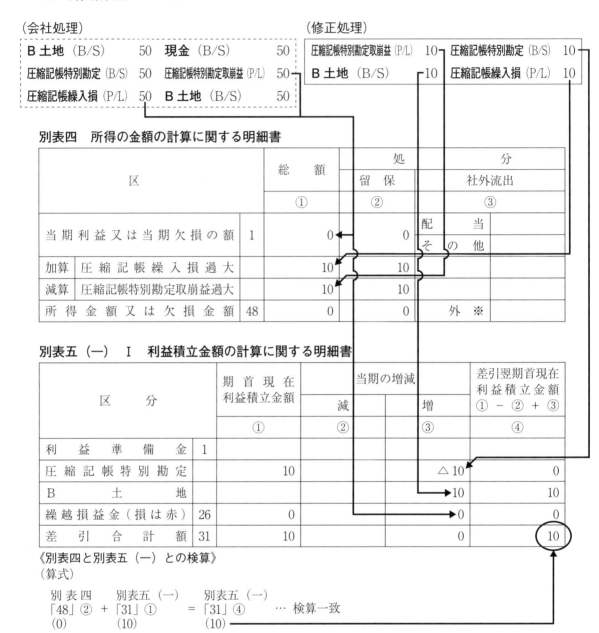

（会社処理）

B 土地（B/S）	50	現金（B/S）	50
圧縮記帳特別勘定（B/S）	50	圧縮記帳特別勘定取崩益（P/L）	50
圧縮記帳繰入損（P/L）	50	B 土地（B/S）	50

（修正処理）

| 圧縮記帳特別勘定取崩益（P/L） | 10 | 圧縮記帳特別勘定（B/S） | 10 |
| B 土地（B/S） | 10 | 圧縮記帳繰入損（P/L） | 10 |

別表四　所得の金額の計算に関する明細書

区		総　額	処　　分	
			留　保	社外流出
		①	②	③
当 期 利 益 又 は 当 期 欠 損 の 額	1	0	0	配　　当
				そ の 他
加算	圧 縮 記 帳 繰 入 損 過 大	10	10	
減算	圧 縮 記 帳 特 別 勘 定 取 崩 益 過 大	10	10	
所 得 金 額 又 は 欠 損 金 額	48	0	0	外 ※

別表五（一）　Ⅰ　利益積立金額の計算に関する明細書

区　　分	期 首 現 在 利益積立金額	当期の増減		差引翌期首現在 利 益 積 立 金 額 ① － ② ＋ ③
		減	増	
	①	②	③	④
利 　益 　準 　備 　金	1			
圧 縮 記 帳 特 別 勘 定	10		△ 10	0
B 　　土 　　地			10	10
繰 越 損 益 金（損 は 赤）	26	0	0	0
差 　引 　合 　計 　額	31	10	0	⑩

《別表四と別表五（一）との検算》
（算式）

別 表 四 　　　別表五（一）　　　別表五（一）
「48」②　＋　「31」①　　＝　「31」④　　… 検算一致
(0)　　　　　　(10)　　　　　　(10)

2-5 剰余金処分による圧縮記帳特別勘定

X期において、A土地を100で売却し、（X+1）期に代替資産としてB土地を50で取得する予定です。「特定の資産の譲渡に伴い特別勘定を設けた場合の課税の特例（措法65の8）」の適用の要件を満たしていますので、剰余金処分により圧縮記帳特別勘定繰入損50を経理処理しました。特別勘定の損金算入限度額が40の場合、X期の申告調整は、どのようになりますか。

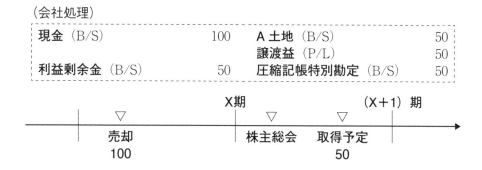

（会社処理）

現金（B/S）	100	A土地（B/S）	50
		譲渡益（P/L）	50
利益剰余金（B/S）	50	圧縮記帳特別勘定（B/S）	50

X期 （X+1）期

▽ ▽ ▽

売却　　　　　株主総会　取得予定
100　　　　　　　　　　　50

解説

1. 税務処理について

　特定資産の譲渡に伴う特別勘定の課税の特例は、①損金経理により特別勘定を設ける方法、②剰余金処分により特別勘定を積立てて別表四で減算する方法の選択があります。この特例は、譲渡の日を含む事業年度において特別勘定で経理した場合に限り、損金算入が認められています（措法65の8①）。

　取得見込み資産について、「特定の資産の譲渡に伴う特別勘定を設けた場合の取得予定資産の明細書」の添付が要件となっています（措法65の8⑯）。本件では、剰余金処分により特別勘定を設ける方法を選択していますので、圧縮限度額の範囲内で圧縮記帳特別勘定繰入損40が認められます。したがって、税務処理は次のとおりです。

（税務処理）

措法65
の8①
→

現金（B/S）	100	A 土地（B/S）	50
		譲渡益（P/L）	50
利益剰余金（B/S）	50	圧縮記帳特別勘定（B/S）	50
圧縮記帳特別勘定繰入損（P/L）	40	圧縮記帳特別勘定（B/S）	40

2. 修正処理について

　会社処理と税務処理とを比較しますと、処理に差異が生じていますので修正処理する必要があります。

（修正処理）

| 圧縮記帳特別勘定繰入損（P/L） | 40 | 圧縮記帳特別勘定（B/S） | 40 |

① 　別表四は「圧縮記帳特別勘定繰入損」として40減算（留保）します。

② 　別表五（一）は翌期以後の貸借対照表（圧縮記帳特別勘定）の消去処理のため、「圧縮記帳特別勘定」として40減算します。

（参考）
租税特別措置法

（特定の資産の買換えの場合の課税の特例）
第65条の7
5　第1項の規定は、確定申告書等に同項の規定により損金の額に算入される金額の損金算入に関する申告の記載があり、かつ、当該確定申告書等にその損金の額に算入される金額の計算に関する明細書その他財務省令で定める書類の添付がある場合に限り、適用する。
6　税務署長は、前項の記載又は添付がない確定申告書等の提出があった場合においても、その記載又は添付がなかったことについてやむを得ない事情があると認めるときは、当該記載をした書類並びに同項の明細書及び財務省令で定める書類の提出があった場合に限り、第1項の規定を適用することができる。

（特定の資産の譲渡に伴い特別勘定を設けた場合の課税の特例）
第65条の8
16　前条第5項及び第6項の規定は第1項又は第7項の規定を適用する場合について、同条第7項及び第8項の規定は第7項又は第8項の規定の適用を受けた買換資産について、同条第11項の規定は第8項の規定を適用する場合について、それぞれ準用する。この場合において、第1項の規定を適用するときは、同条第5項及び第6項中「明細書」とあるのは、「明細書、取得をする見込みである資産につき財務省令で定める事項を記載した書類」と読み替えるものとする。

3.　別表調理について

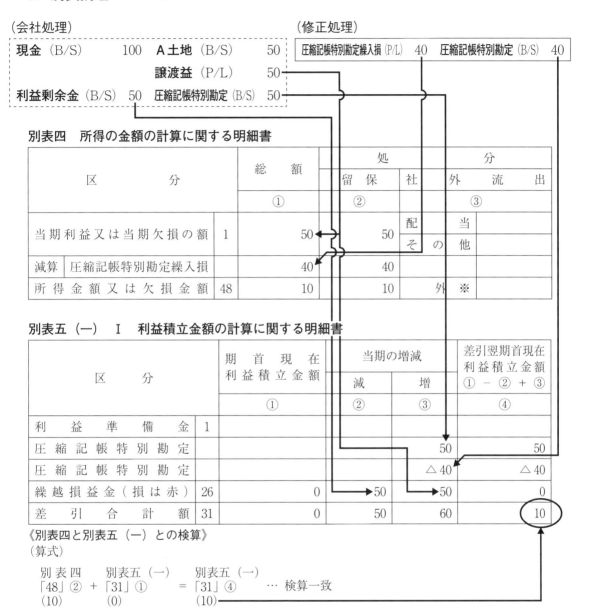

（会社処理）

現金（B/S）	100	A土地（B/S）	50
		譲渡益（P/L）	50
利益剰余金（B/S）	50	圧縮記帳特別勘定（B/S）	50

（修正処理）

| 圧縮記帳特別勘定繰入損（P/L） | 40 | 圧縮記帳特別勘定（B/S） | 40 |

別表四　所得の金額の計算に関する明細書

区　　　分		総　額	処		分	
			留　保	社	外　流　出	
		①	②		③	
当期利益又は当期欠損の額	1	50	50	配　当 その他		
減算　圧縮記帳特別勘定繰入損		40	40			
所　得　金　額　又　は　欠　損　金　額	48	10	10	外　※		

別表五（一）　Ⅰ　利益積立金額の計算に関する明細書

区　　　分		期　首　現　在 利益積立金額	当期の増減		差引翌期首現在 利益積立金額 ① － ② ＋ ③
			減	増	
		①	②	③	④
利　益　準　備　金	1				
圧　縮　記　帳　特　別　勘　定				50	50
圧　縮　記　帳　特　別　勘　定				△ 40	△ 40
繰　越　損　益　金（損　は　赤）	26	0	50	50	0
差　引　合　計　額	31	0	50	60	⑩

《別表四と別表五（一）との検算》
（算式）

別表四　　別表五（一）　　別表五（一）
「48」② ＋ 「31」① ＝ 「31」④　　… 検算一致
（10）　　　（0）　　　　　（10）

2-6　剰余金処分による圧縮記帳特別勘定（翌期の処理）

　X 期において計上した圧縮記帳特別勘定 50 は、（X＋1）期に取り崩しました。また、予定どおり B 土地を取得しましたので、剰余金処分により圧縮記帳しました。会社の経理は、次のとおりです。圧縮限度額が 40 の場合、（X＋1）期の申告調整は、どのようになりますか。

別表五（一）…（X＋1）期の期首の状況
I　利益積立金額の計算に関する明細書

区　　分	期首現在利益積立金額
圧 縮 記 帳 特 別 勘 定	50
圧 縮 記 帳 特 別 勘 定	△ 40
繰 越 損 益 金 （損は赤）	0
差 　 引 　 合 　 計	10

（会社処理）

B 土地（B/S）	50	現金（B/S）	50
圧縮記帳特別勘定（B/S）	50	土地圧縮記帳積立金（B/S）	50

（解説）

1. 税務処理について

　X 期計上の法人税法上の圧縮記帳特別勘定 40 は、（X＋1）期の B 土地取得により取崩して益金の額に算入しなければなりません（措法 65 の 8 ⑨）。

　特定資産の買換えの圧縮記帳は、①買換資産の帳簿価額を損金経理により直接減額する方法、②剰余金処分により積立金を積立てて別表四で減算する方法等があります（措法 65 の 7 ①）。本件では剰余金処分による方法を選択していますので、圧縮限度額 40 の範囲内で圧縮記帳繰入損 40 が認められます。したがって、税務処理は次のとおりです。

（税務処理）

<table>
<tr><td rowspan="2">措法65
の7①
→</td><td>B 土地（B/S）</td><td>50</td><td>現金（B/S）</td><td>50</td><td rowspan="2">措法65
の8⑨
←</td></tr>
<tr><td>圧縮記帳特別勘定（B/S）</td><td>50</td><td>土地圧縮記帳積立金（B/S）</td><td>50</td></tr>
<tr><td></td><td>圧縮記帳特別勘定（B/S）</td><td>40</td><td>圧縮記帳特別勘定取崩益（P/L）</td><td>40</td><td></td></tr>
<tr><td></td><td>圧縮記帳繰入損（P/L）</td><td>40</td><td>B 土地（B/S）</td><td>40</td><td></td></tr>
</table>

2.　修正処理について

　会社処理と税務処理とを比較しますと、処理に差異が生じていますので修正処理する必要
があります。

（修正処理）

<table>
<tr><td>圧縮記帳特別勘定（B/S）</td><td>40</td><td>圧縮記帳特別勘定取崩益（P/L）</td><td>40</td></tr>
<tr><td>圧縮記帳繰入損（P/L）</td><td>40</td><td>B 土地（B/S）</td><td>40</td></tr>
</table>

①　別表四は「圧縮記帳繰入損」として40減算（留保）、「圧縮記帳特別勘定取崩益」とし
　て40加算（留保）します。

②　別表五（一）は翌期以後の貸借対照表（圧縮記帳特別勘定、B土地）の消去処理のた
　め、「圧縮記帳特別勘定」として40加算、「B土地」として40減算します。

3.　別表調理について

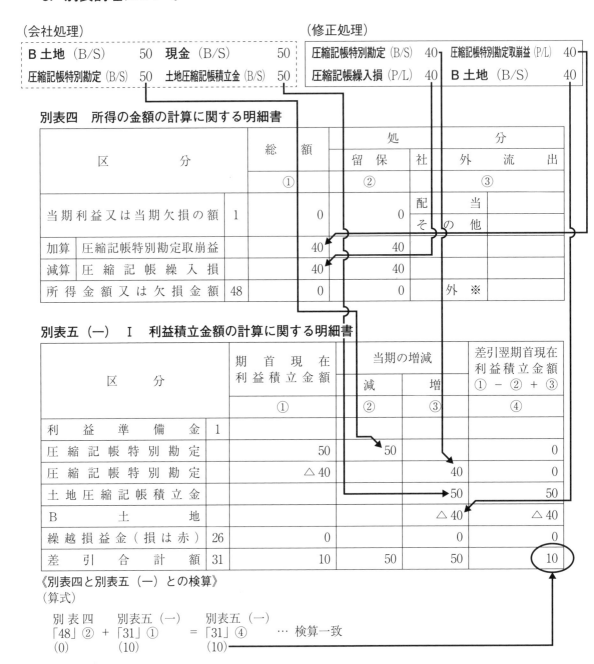

（会社処理）
B 土地（B/S）　50　現金（B/S）　50
圧縮記帳特別勘定（B/S）　50　土地圧縮記帳積立金（B/S）　50

（修正処理）
圧縮記帳特別勘定（B/S）　40　圧縮記帳特別勘定取崩益（P/L）　40
圧縮記帳繰入損（P/L）　40　B 土地（B/S）　40

別表四　所得の金額の計算に関する明細書

区　　分		総　額	処　　　　分		
			留　保	社	外　流　出
		①	②		③
当期利益又は当期欠損の額	1	0	0	配　当 その他	
加算	圧縮記帳特別勘定取崩益		40	40	
減算	圧縮記帳繰入損		40	40	
所得金額又は欠損金額	48	0	0	外　※	

別表五（一）　I　利益積立金額の計算に関する明細書

区　　分		期首現在 利益積立金額	当期の増減		差引翌期首現在 利益積立金額 ①－②＋③
			減	増	
		①	②	③	④
利　益　準　備　金	1				
圧縮記帳特別勘定		50	50		0
圧縮記帳特別勘定		△40		40	0
土地圧縮記帳積立金				50	50
B　土　地				△40	△40
繰越損益金（損は赤）	26	0	0	0	0
差　引　合　計　額	31	10	50	50	10

《別表四と別表五（一）との検算》
（算式）

別表四　　別表五（一）　　　別表五（一）
「48」②　＋　「31」①　　＝　「31」④　…　検算一致
（0）　　　（10）　　　　　（10）

（参考）

別表四　所得の金額の計算に関する明細書

区　　　分		総　　額	処　　　　　分		
			留　保	社　外　流　出	
		①	②	③	
当 期 利 益 又 は 当 期 欠 損 の 額	1	0	0	配　　当	
				そ の 他	
加算	圧縮記帳特別勘定取崩益	40	40		
減算	圧 縮 記 帳 繰 入 損	40	40		
所 得 金 額 又 は 欠 損 金 額	48	0	0	外　※	

別表十三（五）　特定の資産の買換えにより取得した資産の圧縮額等の損金算入に関する明細書

帳簿価額の減額等をした場合		買換資産の帳簿価額を減額し、又は積立金として積み立てた金額	21	50				
	圧縮限度額の計算	買換資産の取得のため（6の計）又は（6の計）のうち特別勘定残額に対応するものから支出した金額	22	50				
		圧 縮 基 礎 取 得 価 額（（14）又は（20）と（22）のうち少ない金額）	23	50				
		圧縮基礎取得価額の計算　買換資産が前期以前に取得されたものである場合の圧縮基礎取得価額	前期末の取得価額	24				
			前期末の帳簿価額	25				
			圧縮基礎取得価額 $(23) \times \dfrac{(25)}{(24)}$	26				
		圧 縮 限 度 額（（23）又は（26））× $(10) \times \dfrac{80、70又は75}{100}$	27	40				
	圧 縮 限 度 超 過 額 $(21)-(27)$		28	10				
対価の額の残額の計算	対 価 の 額 の 合 計 額（6の計）		29		特別勘定を設けた場合	特 別 勘 定 に 経 理 し た 金 額	36	40
	同上のうち譲渡の日の属する事業年度又は連結事業年度において使用した額		30			繰入限度額の計算　（31）のうち買換資産の取得に充てようとする金額	37	100
	特 別 勘 定 の 対 象 と な り 得 る 金 額 $(29)-(30)$		31			繰 入 限 度 額 $(37) \times (10) \times \dfrac{80、70又は75}{100}$	38	40
	翌期繰越額の計算	特別勘定の金額の計算の基礎となった買換資産の取得に充てようとする金額（（36）と（38）のうち少ない金額）$\div \dfrac{80、70又は75}{100} \div (10)$	32			繰 入 限 度 超 過 額 $(36)-(38)$	39	0
		同上のうち前期末までに買換資産の取得に充てた金額	33		翌期繰越額の計算	当初の特別勘定の金額 $(36)-(39)$	40	40
		当期中において買換資産の取 得 に 充 て た 金 額	34			同上のうち前期末までに益金の額に算入された 金 額	41	0
		翌期へ繰り越す対価の額の合 計 額 $(32)-(33)-(34)$	35			当期中に益金の額に算入すべき金額	42	40
						期 末 特 別 勘 定 残 額 $(40)-(41)-(42)$	43	0

2-7　剰余金処分による圧縮記帳の任意取崩し（一部）

Q

　取得した建物 100,000 は、剰余金処分により 60,000 圧縮記帳済みです。X 期において、この建物について減価償却費 2,700、圧縮記帳積立金 1,620 を任意に取り崩しました。X 期の申告調整は、どのようになりますか。

（前提）

資　　　産：建物、鉄骨鉄筋コンクリート造、工場

取得価額：100,000

圧縮記帳後の取得価額：40,000

償却方法：定額法

耐用年数：38 年

償 却 率：0.027

取得年月：令和 X 年 4 月

会計上の減価償却費：2,700（100,000 × 0.027 × 12/12 ＝ 2,700）

法人税法上の償却限度額：1,080（40,000 × 0.027 × 12/12 ＝ 1,080）

別表五（一）…X 期の期首の状況

I　利益積立金額の計算に関する明細書

区　　　分	期首現在利益積立金額
圧縮記帳積立金	60,000
建　　　物	△ 60,000

（会社処理）

圧縮記帳積立金（B/S）	1,620	利益剰余金（B/S）	1,620
減価償却費（P/L）	2,700	建物（B/S）	2,700

1. 税務処理について

　法人税法上の減価償却費の限度額は、圧縮記帳後の取得価額を基礎として計算することになっています（措法 65 の 7 ⑧）。本件では圧縮記帳後の 40,000 を基礎に計算した減価償却限度額は 1,080 となります（法法 31）。したがって、減価償却費は 1,080 となります。

　会計上の圧縮記帳積立金の取崩しについては、法人税法上の圧縮記帳積立金がある場合、連動しての取崩益を計上することとなります。これについては圧縮記帳を取りやめたことによる対象資産の取得価額の修正とされ、評価益には該当しないこととされています（法基通 4-1-1）。本件では圧縮記帳積立金 1,620 を取り崩していますので、法人税法上も取り崩して益金算入することとなります（法法 22 ②）。したがって、税務処理は次のとおりです。

（税務処理）

法法31 →	圧縮記帳積立金（B/S）	1,620	利益剰余金（B/S）	1,620
	減価償却費（P/L）	1,080	建物（B/S）	1,080	法法22②
	建物（B/S）	1,620	圧縮記帳積立金取崩益（P/L）	1,620	←

2. 修正処理について

　会社処理と税務処理とを比較しますと、処理に差異が生じていますので修正処理する必要があります。

（修正処理）

法基通10-1-3	減価償却超過額（B/S）	1,620	減価償却超過額（P/L）	1,620
	建物（B/S）	1,620	圧縮記帳積立金取崩益（P/L）	1,620
→	減価償却超過額（P/L）※	1,620	減価償却超過額（B/S）	1,620

　※　圧縮記帳積立金の任意取崩しがあった場合、積立金の設定の基礎となった資産に係る償却超過額があるときは、その償却超過額のうちその取崩額は損金算入することとなっています（法基通 10-1-3）。したがって、減価償却超過額 1,620（会計上 2,700 － 法人税法上 1,080 ＝ 1,620）のうち、圧縮記帳積立金の任意取崩額 1,620 は損金算入することとなります。

　①　別表四は「減価償却超過額」として 1,620 加算（留保）、「圧縮記帳積立金取崩益」として 1,620 加算（留保）、「減価償却超過額認容」として 1,620 減算（留保）します。
　②　別表五（一）は貸借対照表（建物、減価償却超過額）の消去処理のため、「建物」として 1,620 加算、「減価償却超過額」として 1,620 減算、「減価償却超過額」として 1,620 加算します。

3. 別表調理について

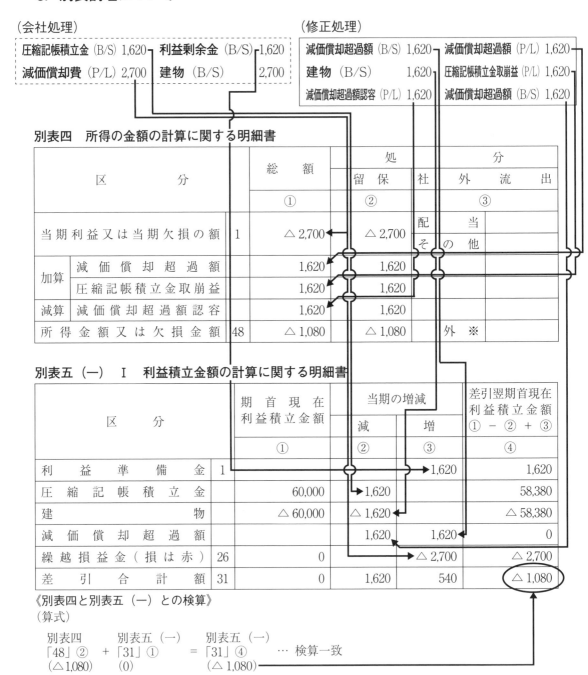

（会社処理）

| 圧縮記帳積立金 (B/S) 1,620 | 利益剰余金 (B/S) 1,620 |
| 減価償却費 (P/L) 2,700 | 建物 (B/S) 2,700 |

（修正処理）

減価償却超過額 (B/S) 1,620	減価償却超過額 (P/L) 1,620
建物 (B/S) 1,620	圧縮記帳積立金取崩益 (P/L) 1,620
減価償却超過額認容 (P/L) 1,620	減価償却超過額 (B/S) 1,620

別表四　所得の金額の計算に関する明細書

区　　　分		総　額	処　　分		
			留　保	社	外　流　出
		①	②		③
当期利益又は当期欠損の額	1	△2,700	△2,700	配　当	
				その他	
加算	減 価 償 却 超 過 額	1,620	1,620		
	圧 縮 記 帳 積 立 金 取 崩 益	1,620	1,620		
減算	減 価 償 却 超 過 額 認 容	1,620	1,620		
所 得 金 額 又 は 欠 損 金 額	48	△1,080	△1,080	外 ※	

別表五（一）　I　利益積立金額の計算に関する明細書

区　　　分		期 首 現 在 利益積立金額	当期の増減		差引翌期首現在 利益積立金額 ① － ② ＋ ③
			減	増	
		①	②	③	④
利 益 準 備 金	1			1,620	1,620
圧 縮 記 帳 積 立 金		60,000	1,620		58,380
建　　　　　物		△60,000	△1,620		△58,380
減 価 償 却 超 過 額			1,620	1,620	0
繰 越 損 益 金（損 は 赤）	26	0		△2,700	△2,700
差 引 合 計 額	31	0	1,620	540	△1,080

《別表四と別表五（一）との検算》
（算式）

別表四　　　別表五（一）　　別表五（一）
「48」②　＋　「31」①　＝　「31」④　… 検算一致
（△1,080）　　（0）　　　　（△1,080）

2-8 剰余金処分による圧縮記帳の任意取崩し（全額）

取得した建物 100,000 は、剰余金処分により 60,000 圧縮記帳済みです。X 期において、この建物について減価償却費 2,700 を計上し、圧縮記帳積立金 60,000 を全額任意に取り崩しました。X 期の申告調整は、どのようになりますか。

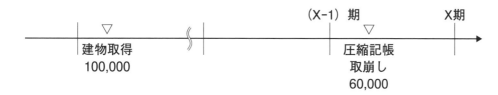

（前提）

資　　　産：建物、鉄骨鉄筋コンクリート造、工場

取得価額：100,000

圧縮記帳後の取得価額：40,000

償却方法：定額法

耐用年数：38 年

償　却　率：0.027

取得年月：令和 X 年 4 月

会計上の減価償却費：2,700（100,000 × 0.027 × 12/12 ＝ 2,700）

法人税法上の償却限度額：2,700（100,000 × 0.027 × 12/12 ＝ 2,700）

別表五（一）…X 期の期首の状況
I　利益積立金額の計算に関する明細書

区　　　　　分	期首現在利益積立金額
圧縮記帳積立金	60,000
建　　　　　物	△ 60,000

（会社処理）

圧縮記帳積立金（B/S）	60,000	利益剰余金（B/S）	60,000
減価償却費（P/L）	2,700	建物（B/S）	2,700

1.　税務処理について

　会計上の圧縮記帳積立金の取崩しについては、法人税法上の圧縮記帳積立金がある場合、連動しての取崩益を計上することになります。これについては圧縮記帳を取りやめたことによる対象資産の取得価額の修正とされ、評価益には該当しないこととされています（法基通4-1-1）。本件では圧縮記帳積立金 60,000 を取り崩していますので、法人税法上も同様に取り崩して益金算入することとなります（法法 22 ②）。

　法人税法上の減価償却費の限度額は、圧縮記帳後の取得価額を基礎として計算することになっています（措法 65 の 7 ⑧）。本件では圧縮記帳を取りやめた後の 100,000 を基礎に計算した減価償却限度額は 2,700 となります（法法 31）。したがって、減価償却費は 2,700 となります。したがって、税務処理は次のとおりです。

（税務処理）

法法 31 →

圧縮記帳積立金（B/S）	60,000	利益剰余金（B/S）	60,000
減価償却費（P/L）	2,700	建物（B/S）	2,700
建物（B/S）	60,000	圧縮記帳積立金取崩益（P/L）	60,000

法法 22 ② ←

2.　修正処理について

　会社処理と税務処理とを比較しますと、処理に差異が生じていますので修正処理する必要があります。

（修正処理）

建物（B/S）	60,000	圧縮記帳積立金取崩益（P/L）	60,000

　①　別表四は「圧縮記帳積立金取崩益」として 60,000 加算（留保）します。

　②　別表五（一）は貸借対照表（建物）の消去処理のため、「建物」として 60,000 減算します。

3. 別表調理について

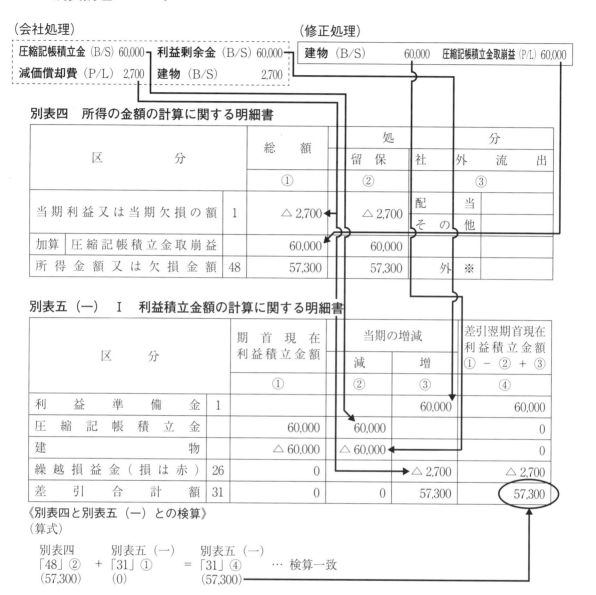

（会社処理）

| 圧縮記帳積立金 (B/S) 60,000 | 利益剰余金 (B/S) 60,000 |
| 減価償却費 (P/L) 2,700 | 建物 (B/S) 2,700 |

（修正処理）

| 建物 (B/S) 60,000 | 圧縮記帳積立金取崩益 (P/L) 60,000 |

別表四　所得の金額の計算に関する明細書

区　　分		総　額	処	分		
			留　保	社	外　流　出	
		①	②		③	
当 期 利 益 又 は 当 期 欠 損 の 額	1	△ 2,700	△ 2,700	配 当		
				その他		
加算 圧縮記帳積立金取崩益		60,000	60,000			
所 得 金 額 又 は 欠 損 金 額	48	57,300	57,300	外	※	

別表五（一）　Ⅰ　利益積立金額の計算に関する明細書

区　　分		期 首 現 在 利益積立金額	当期の増減		差引翌期首現在 利益積立金額 ① － ② ＋ ③
			減	増	
		①	②	③	④
利 　益 　準 　備 　金	1			60,000	60,000
圧 　縮 　記 　帳 　積 　立 　金		60,000	60,000		0
建 　　　　　　　　　物		△ 60,000	△ 60,000		0
繰 越 損 益 金 （ 損 は 赤 ）	26	0		△ 2,700	△ 2,700
差 　引 　合 　計 　額	31	0	0	57,300	57,300

《別表四と別表五（一）との検算》
（算式）

別表四　　　　別表五（一）　　　別表五（一）
「48」②　＋　「31」①　　＝　「31」④　　… 検算一致
（57,300）　　（0）　　　　　（57,300）

2-9　剰余金処分による特別償却
（準備金方式と税効果会計）

Q

　X期において、特定機械装置（措法42の6）を取得し事業の用に供しました。特定機械装置の取得資産、会社処理等の状況は、次のとおりです。X期の申告調整は、どのようになりますか。

（条件）

取 得 資 産：機械装置

取 得 価 額：3,000

特別償却率：30％

特別償却限度額：900（3,000 × 30％ ＝ 900）

減価償却費：900

実 効 税 率：30％

繰延税金負債：270（900 × 30％ ＝ 270）

特別償却準備金：630（900 × 70％ ＝ 630）

翌期以後の要取崩額：128（900 × 12/84 ＝ 128）

（内訳：繰延税金資産38、特別償却準備金90）

（会社処理）

機械装置（B/S）	3,000	現金（B/S）	3,000
利益剰余金（B/S）	630	特別償却準備金（B/S）	630
法人税等調整額（P/L）	270	繰延税金負債（B/S）	270

積立金方式による諸準備金等の種類別の明細表

類別 （適用法令）	科 目	期首残高			税率変更による調整額		
		年 月 日 現在 繰延税金負債	年 月 日 現在 準備金等	一時 差異	法人税等調 整額による 調整額	第 期 準備金等 調整額	税率変 更後一 時差異
特別償却準備金（措法42の6）	繰延税金負債						
	固定資産圧縮積立金額						
合計							

繰入額			取崩高			期末残高		
法人税等調 整額による 調整額	第 期 準備金等 調整額	一時 差異 増加額	法人税等調 整額による 調整額	第 期 準備金等 調整額	一時 差異 減少額	年 月 日 現在 繰延税金負債	第 期 準備金 等	一時 差異
270		270				270		270
	630	630					630	630
270	630	900				270	630	900

解説

1. 税務処理について

　特定機械装置（措法42の6）を取得した場合の特別償却の損金算入方法は、①特別償却額を損金経理により直接減額する方法、②剰余金処分により準備金を積立てて別表四で減算する方法があります（措法42の5、52の3）。本件では剰余金処分により準備金を積み立てる方法を選択していますので、償却限度額900の範囲内で特別償却費900の損金算入が認められます。したがって、税務処理は次のとおりです。

（税務処理）

措法42の6→	機械装置（B/S）	3,000	現金（B/S）	3,000
	利益剰余金（B/S）	630	特別償却準備金（B/S）	630
	特別償却費（P/L）	900	特別償却準備金（機械装置）（B/S）	900

2. 修正処理について

　会社処理と税務処理とを比較しますと、処理に差異が生じていますので修正処理する必要があります。

（修正処理）

繰延税金負債（B/S）	270	**法人税等調整額**（P/L）	270
特別償却費（P/L）	900	**特別償却準備金（機械装置）**（B/S）	900

① 　別表四は「法人税等調整額」として270加算（留保）、「特別償却費認容」として900減算（留保）します。

② 　別表五（一）は翌期以後の貸借対照表（繰延税金負債、特別償却準備金（機械装置））の消去処理のため、「繰延税金負債」として270加算、「特別償却準備金（機械装置）」として900減算します。

3.　別表調理について

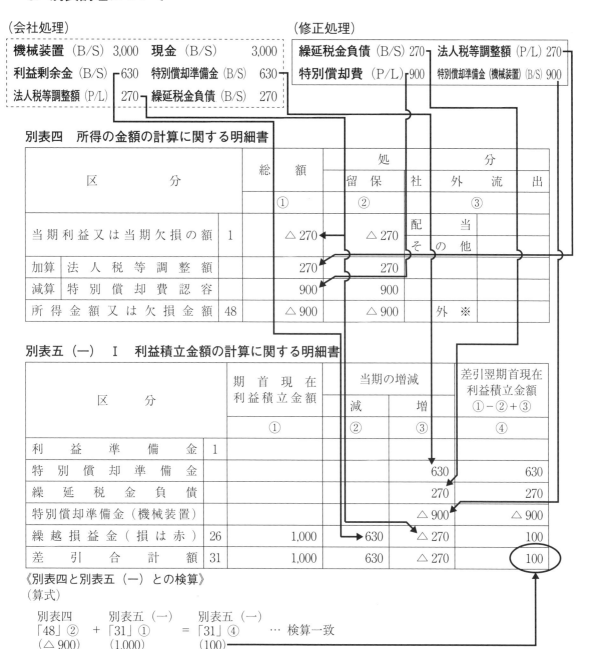

（会社処理）

機械装置（B/S）3,000	現金（B/S） 3,000
利益剰余金（B/S）△630	特別償却準備金（B/S） 630
法人税等調整額（P/L）270	繰延税金負債（B/S） 270

（修正処理）

| 繰延税金負債（B/S）270 | 法人税等調整額（P/L）270 |
| 特別償却費（P/L）900 | 特別償却準備金（機械装置）（B/S）900 |

別表四　所得の金額の計算に関する明細書

区　　　分		総　額	処　　　　分			
			留　保	社　外	外　流　出	
		①	②		③	
当期利益又は当期欠損の額	1	△270	△270	配　当		
				その他		
加算	法人税等調整額		270	270		
減算	特別償却費認容		900	900		
所得金額又は欠損金額	48	△900	△900	外　※		

別表五（一）　I　利益積立金額の計算に関する明細書

区　　　分		期首現在利益積立金額	当期の増減		差引翌期首現在利益積立金額 ①－②＋③
			減	増	
		①	②	③	④
利　益　準　備　金	1				
特　別　償　却　準　備　金				630	630
繰　延　税　金　負　債				270	270
特別償却準備金（機械装置）				△900	△900
繰越損益金（損は赤）	26	1,000	630	△270	100
差　引　合　計　額	31	1,000	630	△270	100

《別表四と別表五（一）との検算》
（算式）

別表四　　　別表五（一）　　別表五（一）
「48」②　＋　「31」①　　＝　「31」④　　… 検算一致
（△900）　　（1,000）　　　（100）

2-10　剰余金処分による特別償却 (準備金方式と税効果会計)(翌期の処理)

Q

X期において、特定機械装置 (措法42の6) を取得し事業の用に供しました。特定機械装置の取得資産、会社処理等の状況は、次のとおりです。(X+1) 期の申告調整は、どのようになりますか。

(条件)

取 得 資 産：機械装置

取 得 価 額：3,000

特別償却率：30%

特別償却限度額：900 (3,000 × 30% = 900)

減価償却費：900

実 効 税 率：30%

繰延税金負債：270 (900 × 30% = 270)

特別償却準備金：630 (900 × 70% = 630)

翌期以後の要取崩額：128 (900 × 12/84 = 128)

　　　　(内訳：繰延税金資産 38、特別償却準備金 90)

	X期	(X+1) 期
	▽ 取得	▽ 株主総会

(会社処理)

特別償却準備金 (B/S)	90	利益剰余金 (B/S)	90
繰延税金負債 (B/S)	38	法人税等調整額 (P/L)	38

積立金方式による諸準備金等の種類別の明細表

類別 (適用法令)	科　目	期首残高			税率変更による調整額		
		年　月　日 現在 繰延税金負債	年　月　日 現在 準備金等	一時 差異	法人税等調整額による 調整額	第　期 準備金等 調整額	税率変更後一時差異
特別償却準備金 (措法42の5)	繰延税金負債	270		270			
	固定資産圧縮積立金額		630	630			
合計		270	630	900			

繰入額			取崩高			期末残高		
法人税等調整額による 調整額	第　期 準備金等 調整額	一時 差異 増加額	法人税等調整額による 調整額	第　期 準備金等 調整額	一時 差異 減少額	年月日 現在 繰延税金負債	第　期 準備金 等	一時 差異
			38		38	232		232
				90	90		540	540
			38	90	128	232	540	772

解説

1.　税務処理について

　特定機械装置（措法42の6）を取得した場合の特別償却の損金算入方法は、①特別償却額を損金経理により直接減額する方法、②剰余金処分により準備金を積立てて別表四で減算する方法があります（措法42の5、52の3）。

　損金算入が認められた特別償却準備金は、積立事業年度の翌事業年度から均等額で取り崩して益金算入することとなります（措法52の3⑤）。本件では耐用年数10年以上なので特別償却準備金900の12/84である128を取り崩すこととなります。したがって、税務処理は次のとおりです。

（参考）

	（戻入金額）		（戻入期間）	
			10年以上	84カ月
特別償却準備金	×	$\dfrac{月数}{戻入期間}$	5年～10年	60カ月
			5年未満	耐用年数 × 12カ月

（税務処理）

特別償却準備金（機械装置）(B/S)	128	特別償却準備金取崩益 (P/L)	128	← 措法52
特別償却準備金 (B/S)	90	利益剰余金 (B/S)	90	の3⑤

2.　修正処理について

　会社処理と税務処理とを比較しますと、処理に差異が生じていますので修正処理する必要があります。

（修正処理）

特別償却準備金（機械装置）(B/S)	128	特別償却準備金取崩益 (P/L)	128
法人税等調整額 (P/L)	38	繰延税金負債 (B/S)	38

①　別表四は「特別償却準備金取崩益計上もれ」として128加算（留保）、「法人税等調整額認容」として38減算（留保）します。

②　別表五（一）は翌期以後の貸借対照表（繰延税金負債、特別償却準備金（機械装置））の消去処理のため、「特別償却準備金（機械装置）」として128加算、「繰延税金負債」として38減算します。

3.　別表調理について

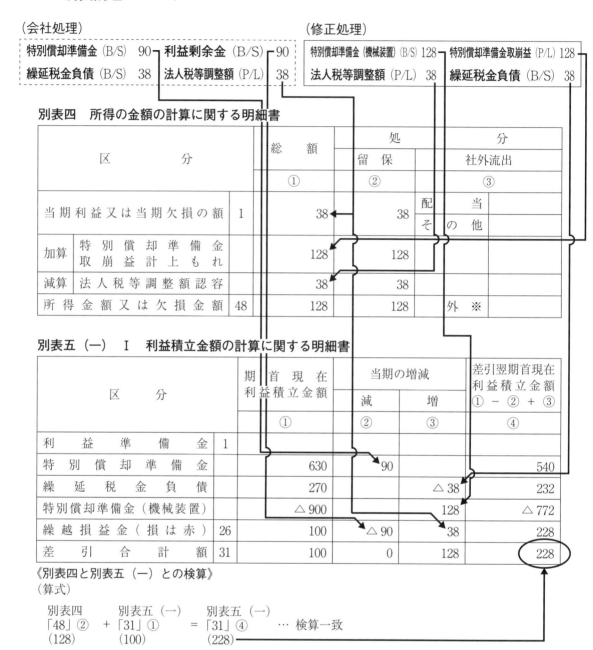

（会社処理）

特別償却準備金（B/S） 90	**利益剰余金**（B/S） 90
繰延税金負債（B/S） 38	**法人税等調整額**（P/L） 38

（修正処理）

特別償却準備金（機械装置）（B/S）128	**特別償却準備金取崩益**（P/L）128
法人税等調整額（P/L）38	**繰延税金負債**（B/S）38

別表四　所得の金額の計算に関する明細書

区　　　　　分		総　　額	処			分	
			留　保		社外流出		
		①	②		③		
当 期 利 益 又 は 当 期 欠 損 の 額	1	38	38	配　当			
				その他			
加算	特 別 償 却 準 備 金 取 崩 益 計 上 も れ		128	128			
減算	法 人 税 等 調 整 額 認 容		38	38			
所 得 金 額 又 は 欠 損 金 額	48	128	128	外　※			

別表五（一）　Ⅰ　利益積立金額の計算に関する明細書

区　　　　　分		期 首 現 在 利 益 積 立 金 額	当期の増減		差引翌期首現在 利 益 積 立 金 額 ① － ② ＋ ③
			減	増	
		①	②	③	④
利 　益 　準 　備 　金	1				
特 　別 　償 　却 　準 　備 　金		630	90		540
繰 　延 　税 　金 　負 　債		270		△ 38	232
特 別 償 却 準 備 金 （ 機 械 装 置 ）		△ 900		128	△ 772
繰 　越 　損 　益 　金 （ 損 は 赤 ）	26	100	△ 90	38	228
差 　引 　合 　計 　額	31	100	0	128	228

《別表四と別表五（一）との検算》

（算式）

別表四　　　別表五（一）　　別表五（一）
「48」②　＋　「31」①　＝　「31」④　　… 検算一致
（128）　　　（100）　　　　（228）

2-11 剰余金処分による特別償却（適格合併の引継）

Q

　合併法人A社は被合併法人B社を吸収合併しました（適格合併）。B社は租税特別措置法の特別償却の適用を受けていました。A社の合併時の受入処理、B社の貸借対照表及び別表五（一）の状況は、次のとおりです。A社の申告調整は、どのようになりますか。

（前提）
取得資産：機械装置
取得価額：1,000
特別償却率：30％
特別償却限度額：300（1,000 × 30％ ＝ 300）
減価償却費：300
実効税率：30％
繰延税金負債：90（300 × 30％ ＝ 90）
特別償却準備金：210（300 × 70％ ＝ 210）

（会社処理）

機械装置（B/S）	1,000	利益剰余金（B/S）	1,000

B社の別表五（一）の期首の状況
I　利益積立金額の計算に関する明細書

区　　　分	期首現在利益積立金額
特 別 償 却 準 備 金	210
繰 延 税 金 負 債	90
特別償却準備金（機械装置）	△300
繰 越 損 益 金（損 は 赤）	700
差 　引 　合 　計	700

《被合併法人：B社》
公表B/S

機械装置	1,000	繰延税金負債	90
		特別償却準備金	210
		利益剰余金	700

1. 税務処理について

　A社は適格合併のためB社から資産等を帳簿価額により引き継ぐこととなります（法令123の3③）。したがって、税務処理は次のとおりです。

（税務処理）

機械装置 （B/S）	1,000	繰延税金負債 （B/S）	90
		特別償却準備金 （B/S）	210
		利益積立金額 （B/S）	700
繰延税金負債 （B/S）	90	特別償却準備金（機械装置）（B/S）	300
特別償却準備金 （B/S）	210		

公表B/S

別表五（一）

2. 修正処理について

　会社処理と税務処理とを比較しますと、処理に差異が生じていますので修正処理する必要があります。

（修正処理）

④繰延税金負債 （B/S）	90	①繰延税金負債 （B/S）	90
⑤特別償却準備金 （B/S）	210	②特別償却準備金 （B/S）	210
利益積立金額 （B/S）	300	③特別償却準備金 （機械装置）（B/S）	300

①　別表四は申告調整不要です。

②　別表五（一）は翌期以後の貸借対照表（繰延税金負債、特別償却準備金、特別償却準備金（機械装置））の消去処理のため、「①繰延税金負債」として90減算、「②特別償却準備金」として210加算、「③特別償却準備金（機械装置）」として300減算、「④繰延税金負債」として90加算、「⑤特別償却準備金」として210減算します。

3.　別表調理について

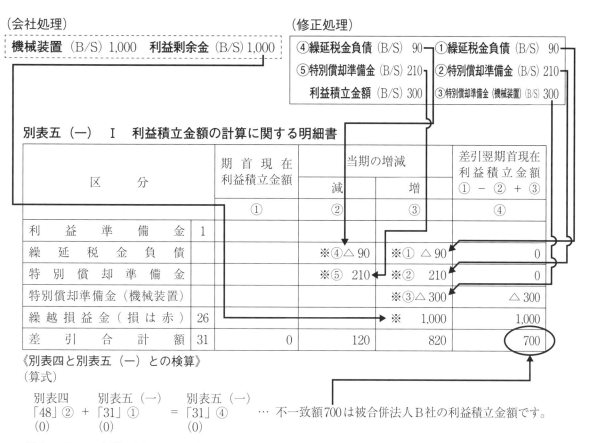

（会社処理）

| 機械装置（B/S）1,000　利益剰余金（B/S）1,000 |

（修正処理）

④繰延税金負債（B/S）　90	①繰延税金負債（B/S）　90
⑤特別償却準備金（B/S）210	②特別償却準備金（B/S）210
利益積立金額（B/S）300	③特別償却準備金（機械装置）（B/S）300

別表五（一）　Ⅰ　利益積立金額の計算に関する明細書

区　　分	期首現在利益積立金額	当期の増減		差引翌期首現在利益積立金額 ① − ② + ③
		減	増	
	①	②	③	④
利　益　準　備　金	1			
繰　延　税　金　負　債		※④△ 90	※① △ 90	0
特　別　償　却　準　備　金		※⑤ 210	※② 210	0
特別償却準備金（機械装置）			※③△ 300	△ 300
繰越損益金（損は赤）	26		※ 1,000	1,000
差　引　合　計　額	31	0	120	820	700

《別表四と別表五（一）との検算》

（算式）

別表四　　　別表五（一）　　別表五（一）
「48」②　＋　「31」①　　＝「31」④　　… 不一致額700は被合併法人Ｂ社の利益積立金額です。
(0)　　　　　(0)　　　　　　(0)

（注）※印は、組織再編により引き継いだ被合併法人の利益積立金額（不一致額）です。

2-12　再投資等準備金の損金経理による損金算入 （特殊事例）

再投資等準備金 200 を損金経理により積み立てました（損金算入限度額 100）。申告調整は、どのようになりますか。

```
              公表　P/L
  売上総利益              100
  再投資等準備金繰入     △200
  当期純利益            △100
```

（会社処理）

その他利益剰余金（B/S）	100	売上利益（P/L）	100
再投資等準備金繰入損（P/L）	200	再投資等準備金（B/S）	200

解説

1. 税務処理について

　再投資等準備金の損金算入方法は、①損金経理により損金算入する方法、②剰余金処分により積立金を積立てて別表四で減算する方法があります（震特法 18 の 3 ①）。

　再投資等準備金の損金算入限度額は、この法律（震特法）の規定を適用しないで計算した場合の所得金額が基礎となります（震特法 18 の 3 ①、震特令 18 の 3 ①）。本件では損金経理の方法を選択していますので、準備金の限度額は所得金額 100 の範囲内で繰入損 100 が認められます。したがって、税務処理は次のとおりです。

（税務処理）

震特法 18 の 3 ① →	その他利益剰余金（B/S） 100	売上利益（P/L）	100
	再投資等準備金繰入損（P/L） 100	再投資等準備金（B/S）	100

2.　修正処理について

　会社処理と税務処理とを比較しますと、処理に差異が生じていますので修正処理する必要があります。

（修正処理）

再投資等準備金（B/S）　100	再投資等準備金繰入損（P/L）　100

⑴　第一ステップ（会計処理との差異）の処理

　①　別表四は「再投資等準備金繰入損過大」として100加算（留保）します。

　②　別表五（一）は翌期以後の再投資等準備金の消去処理のため、「再投資等準備金」として100減算します。

⑵　第二ステップ（別段の定め）の処理

　法人税法第57条（青色申告書を提出した事業年度の欠損金の繰越し）の適用は、損金算入の再投資等準備金の控除前の金額で繰越欠損金の控除（別表四「40」）をします（法法57①⑪）。そのため再投資等準備金の損金算入額は、別表四において一旦加算し、その上で別表四「45」欄で同額を控除することとなります。

　したがって、別表四は「再投資等準備金積立額の損金算入額」として100加算（留保）、「再投資等準備金積立額の損金算入額」として100減算（留保）します（記入欄に要注意）。

　なお、これに類するものとして次のものがあります。

　①　関西国際空港整備準備金（措法57の7、措令33の4③）

　②　農業経営基盤強化準備金（措法61の2、措令37の2②）

　③　農用地等を取得した場合の圧縮記帳（措法61の3、措令37の3③）

3. 別表調理について

（会社処理）　　　　　　　　　　　　　　（修正処理）

その他利益剰余金 (B/S) 100　　売上利益 (P/L)　100　　再投資等準備金 (B/S) 100　　再投資等準備金繰入損 (P/L) 100
再投資等準備金繰入損 (P/L) 200　　再投資等準備金 (B/S) 200

別表四　所得の金額の計算に関する明細書

区　　　分		総　　額	処			分	
			留　保	社	外　流　出		
		①	②		③		
当 期 利 益 又 は 当 期 欠 損 の 額	1	△ 100	△ 100	配　　当			
				その他			
加算	再投資等準備金繰入損過大		100	100			
	再投資等準備金積立額の損 金 算 入 額		100	100			
関西国際空港用地整備準備金積立額、中部国際空港整備準備金積立額又は再投資等準備金積立額の損金算入額	45	△ 100	△ 100				
所 得 金 額 又 は 欠 損 金 額	48	0	0	外　※			

別表五 (一)　I　利益積立金額の計算に関する明細書

区　　　分		期 首 現 在 利益積立金額	当期の増減		差引翌期首現在 利益積立金額 ① － ② + ③
			減	増	
		①	②	③	④
利 　益 　準 　備 　金	1				
再 投 資 等 準 備 金				100	100
繰 越 損 益 金 (損 は 赤)	26		△ 100		△ 100
差 　引 　合 　計 　額	31	0	0	0	0

《別表四と別表五 (一) との検算》
（算式）

別表四　　　別表五 (一)　　　別表五 (一)
「48」②　＋　「31」①　　＝　「31」④　　… 検算一致
(0)　　　　　(0)　　　　　　(0)

2-13　剰余金処分による役員退職給与の支給

Ｘ期において、役員の退職に伴い株主総会の決議に基づき退職金400を支給しました。負債に役員退職給与積立金があり自己否認しています。別表五（一）及び会社処理は、次のとおりです。申告調整は、どのようになりますか。

```
         6.26    7.25                        X期
          ▽      ▽
        株主総会  支給
```

別表五（一）の期首の状況
Ⅰ　利益積立金額の計算に関する明細書

区　　　分	期首現在利益積立金額
役員退職積立金	800
繰 越 損 益 金	200
差 引 合 計 額	1,000

（会社処理）

役員退職積立金（B/S）　400　　　現金（B/S）　　　　　　400

（解説）

1.　税務処理について

平成18年税制改正により、役員の退職給与の損金経理要件が削除されましたので、剰余金処分による支給であっても損金算入することとなりました（旧法法36、法法34）。したがって、税務処理は次のとおりです。

（税務処理）

法法34 →　役員退職給与（P/L）　400　　　現金（B/S）　　　　　　400

2.　修正処理について

会社処理と税務処理とを比較しますと、処理に差異が生じていますので修正処理する必要があります。

（修正処理）

役員退職給与（P/L）	400	役員退職積立金（B/S）	400

　別表四は「役員退職給与認容」として400減算（留保）します。

（参考）
旧法人税法（過大な役員退職給与の損金不算入）

> **第36条**　内国法人が各事業年度においてその退職した役員に対して支給する退職給与の額のうち、当該事業年度において損金経理をしなかった金額及び損金経理をした金額で不相当に高額な部分の金額として政令で定める金額は、その内国法人の各事業年度の所得の金額の計算上、損金の額に算入しない。

3. 別表調理について

（会社処理）

役員退職積立金（B/S） 400	現金（B/S）	400

（修正処理）

役員退職給与（P/L） 400	役員退職積立金（B/S） 400

別表四　所得の金額の計算に関する明細書

区　　　分		総　　額	処		分	
			留　保	社	外　　流　　出	
		①	②		③	
当期利益又は当期欠損の額	1	0	0	配　　　当		
				その他		
減算	役員退職給与認容	400	400			
所得金額又は欠損金額	48	△400	△400	外　※		

別表五（一）Ⅰ　利益積立金額の計算に関する明細書

区　　　分		期首現在利益積立金額	当期の増減		差引翌期首現在利益積立金額 ① － ② ＋ ③
			減	増	
		①	②	③	④
利　益　準　備　金	1				0
役員退職給与積立金		800		△400	400
繰越損益金（損は赤）	26	200	0		200
差　引　合　計　額	31	1,000		△400	600

《別表四と別表五（一）との検算》
（算式）

別表四 「48」②	＋	別表五（一） 「31」①	＝	別表五（一） 「31」④	… 検算一致
（△400）		（1,000）		（600）	

2-14　損金経理による圧縮記帳（収用換地）

Q

　X期において、都市再開発法による第一種市街地再開発事業の施行に伴う権利変換がありました。当社の土地及び建物の帳簿価額及び権利変換額等は、次のとおりです。権利変換に伴い譲渡益に対応する圧縮記帳の繰入額を損金経理しました（圧縮限度額8,000）。X期の申告調整は、どのようになりますか。

```
               ▽              X期                    (X+1) 期
  ┠─────────────────────────┼──────────────────────────┨
          権利変換                         竣工引渡し
                                    ▽
```

	土地	建物	合計
帳簿価額	500	1,500	2,000
権利変換時の評価額	8,000	2,000	10,000
権利変換により取得する資産	4,000	6,000	10,000
圧縮記帳限度額	※　3,200	4,800	8,000

例

$$※3,200 = \frac{圧縮限度額}{8,000} \times \frac{権利変換により取得する土地の価額\,4,000}{権利変換により取得する資産の価額の合計額\,10,000}$$

（会社処理）

新土地（B/S）	4,000	旧土地（B/S）	500
施設構築物の一部を取得する権利（B/S）	6,000	建物（B/S）	1,500
		固定資産売却益（P/L）	8,000
圧縮記帳繰入損（P/L）	8,000	土地圧縮記帳積立金（B/S）	3,200
		施設構築物の一部を取得する権利（B/S）	4,800

解説

1. 税務処理について

　換地処分等に伴い資産を取得した場合の課税の特例は、換地処分等があった場合、交換取得資産を損金経理により直接減額する方法でのみ損金算入が認められます（措法65の5①）。本件では損金経理により直接減額する方法を選択していますので、圧縮限度額8,000（土地3,200、建物4,800）の範囲内で圧縮記帳の繰入損が認められます。したがって、税務処理は

次のとおりです。

（税務処理）

措法 65
の 5 ①
→

新土地 （B/S）	4,000	旧土地 （B/S）		500
施設構築物の一部を取得する権利 (B/S)	6,000	建物 （B/S）		1,500
		固定資産売却益 （P/L）		8,000
圧縮記帳繰入損 （B/S）	8,000	土地圧縮記帳積立金 （B/S）		3,200
		施設構築物の一部を取得する権利 (B/S)		4,800

2. 修正処理について

　会社処理と税務処理とを比較しますと、B/S 及び P/L の処理に差異が生じていませんので修正処理はありません。

（修正処理）

なし

　別表四は申告調整不要です。

3. その他

換地処分等の課税の特例適用のポイント

(1) 圧縮記帳は 2 回できます。

　都市再開発法による第一種市街地再開発事業が施行された場合は、2 回の圧縮記帳ができます。

　1 回目は、権利変換期日の事業年度です。施設構築物の一部を取得する権利に権利変換されます（措法 65 ①四）。

　2 回目は、施設構築物の一部を取得した事業年度です。取得した事業年度において、その権利の譲渡があったものとして処理します（措法 64 ①）。

(2) 代替資産について

　ア　同種類の資産

　　代替資産は、原則として、その収用等により譲渡した資産と種類を同じくする資産です。一般的には、その譲渡した資産が次の資産区分のいずれに属するかに応じ、それぞれこれらの区分に属する資産とされています（措令 39 ②一、措規 22 の 2 ②）。

　　①　土地又は土地の上に存する権利

② 建物（その附属設備を含む。）又は建物に附属する一定の構築物

　　一定の構築物とは、建物に附属する門、へい、庭園（庭園に附属する亭、庭内神しその他これらに類する附属設備を含む。）、煙突、貯水そうその他これらに類する資産をいいます。

③ ②の建物に附属する構築物以外の構築物

　　例えば、防水境、腿道、岸壁等のように、②の構築物に該当しない構築物です。

④ ①から③までに掲げる資産以外の資産で、譲渡した資産と種類及び用途を同じくする資産

　　例えば、船舶、機械装置等で譲渡資産と種類及び用途を同じくするものです。

イ　一の効用を有する一組の資産の特例

　　譲渡した資産がアの①から③までの資産で、その区分の異なる2以上の資産が一の効用を有する一組の資産となっている場合には、同じ効用を有する他の資産をもって譲渡資産のすべてに係る代替資産とすることができます（措令39③）。ここで、一の効用とは、一組の資産が次に掲げる用に供するものであることをいいます（措規22の2③）。

　　①居住の用、②店舗又は事務所の用、③工場、発電所又は変電所の用、④倉庫の用、⑤上記のほか、劇場の用、運動場の用、遊技場の用その他これらの用の区分に類する用

ウ　事業に供する固定資産の特例

　　その他、その事業の用に供する減価償却資産、土地又は土地の上に存する権利を取得する場合には、これを代替資産とすることができます（措令39④）。

(3)　差益割合について

　2以上の資産が収用等をされた場合の差益割合の計算については、次のような場合には、それらの譲渡資産の全体を通じて、それらの合計額でプール計算します（措通64(3)-1）。

① 種類（アの①から④までの種類）を同じくする2以上の資産について同時に収用等をされた場合

② 代替資産について、一の効用を有する一組の資産の特例（(2)のイ）の適用を受ける場合

③ 代替資産について、事業の用に供する固定資産の特例（(2)のウ）の適用を受ける場合

4.　別表調理について

（会社処理）						（修正処理）

新土地（B/S）	4,000	旧土地（B/S）	500
施設構築物の一部を取得する権利（B/S）	6,000	建物（B/S）	1,500
		固定資産売却益（P/L）	8,000
圧縮記帳繰入損（P/L）	8,000	土地圧縮記帳積立金（B/S）	3,200
		施設構築物の一部を取得する権利（B/S）	4,800

（修正処理）　なし

別表四　所得の金額の計算に関する明細書

区　　　　分		総　　額		処　　　　　　　分		
				留　保	社　外　流　出	
		①		②	③	
当期利益又は当期欠損の額	1	0		0	配　　当	
					その他	
所得金額又は欠損金額	48	0		0	外　※	

別表五（一）Ⅰ　利益積立金額の計算に関する明細書

区　　　　分		期首現在利益積立金額	当期の増減		差引翌期首現在利益積立金額 ① − ② + ③
			減	増	
		①	②	③	④
利　益　準　備　金	1				
繰越損益金（損は赤）	26			0	0
差　引　合　計　額	31	0	0	0	0

《別表四と別表五（一）との検算》
（算式）

別表四　　　別表五（一）　　別表五（一）
「48」②　＋　「31」①　　＝　「31」④　　… 検算一致
　(0)　　　　　(0)　　　　　　(0)

2-15　損金経理による圧縮記帳（収用換地）（翌期）

X期において、都市再開発法による第一種市街地再開発事業の施行に伴う権利変換があり、（X＋1）期に建物の引き渡しを受けました。建物の取得に次のとおり圧縮記帳の経理処理をしました。（X＋1）期の申告調整は、どのようになりますか。

（会社処理）

建物（B/S）	6,000	施設構築物の一部を取得する権利（B/S）※	1,200
		固定資産売却益（P/L）	4,800
圧縮記帳繰入損（P/L）	4,800	建物（B/S）	4,800

※　前期取得した権利 6,000 － 圧縮記帳額 4,800 ＝ 税務上の帳簿価額 1,200

解説

1. 税務処理について

都市再開発法による第一種市街地再開発事業が施行された場合は、圧縮記帳が2回できます。1回目は、権利変換期日の事業年度です（措法65①四）。2回目は、施設構築物の一部を取得した事業年度です（措法64①）。本件では損金経理により直接減額する方法を選択していますので、圧縮限度額 8,000（土地 3,200、建物 4,800）の範囲内で圧縮記帳の繰入損が認められます。したがって、税務処理は次のとおりです。

（税務処理）

	建物（B/S）	6,000	施設構築物の一部を取得する権利（B/S）	1,200
			固定資産売却益（P/L）	4,800
措法64 ① →	圧縮記帳繰入損（B/S）	4,800	建物（B/S）	4,800

2. 修正処理について

会社処理と税務処理とを比較しますと、B/S 及び P/L の処理に差異が生じていませんので

修正処理はありません。

（修正処理）

なし

別表四は申告調整不要です。

3.　別表調理について

（会社処理）

建物 (B/S)	6,000	施設構築物の一部を取得する権利 (B/S)	1,200
		固定資産売却益 (P/L)	4,800
圧縮記帳繰入損 (P/L)	4,800	建物 (B/S)	4,800

（修正処理）

なし

別表四　所得の金額の計算に関する明細書

区　　　　分		総　　額	処　　　　　　　分		
			留　保	社　外　流　出	
		①	②	③	
当期利益又は当期欠損の額	1	0	0	配　　当	
				そ の 他	
所 得 金 額 又 は 欠 損 金 額	48	0	0	外　※	

別表五（一） I　利益積立金額の計算に関する明細書

区　　　分		期 首 現 在 利益積立金額	当期の増減		差引翌期首現在 利益積立金額 ① － ② ＋ ③
			減	増	
		①	②	③	④
利 　益 　準 　備 　金	1				
繰 越 損 益 金 (損 は 赤)	26			0	0
差 　引 　合 　計 　額	31	0		0	0

《別表四と別表五（一）との検算》
（算式）

別表四　　　別表五（一）　　別表五（一）
「48」② ＋「31」① ＝「31」④　… 検算一致
(0)　　　　(0)　　　　(0)

2-16 土地再評価法による再評価差額（過年度）

過年度において土地再評価法により固定資産である事業用土地 1,500 を 2,000 に再評価しました。法人税法上の評価益が認められる事実はありませんでした。申告調整はどのようになりますか。

	帳簿価額①	再評価②	再評価差額③ (②−①)
土地	1,500	2,000	500

法人税等の実効税率 30 %

（会社処理）

土地（B/S）	500	繰延税金負債（B/S）	150
		再評価差額金（B/S）	350

※ 「土地の再評価に関する法律」（平成 10.3.31 法律第 34 号）に基づき、大会社等の一定の会社が事業用土地について時価による評価を行うもので平成 14.3.31 までの期間内に 1 回限り再評価を行うことができる制度です（土地再評価法 3 ①）。事業用土地の帳簿価額を改定することになりますので、再評価額から帳簿価額を控除した金額が再評価差額となり、①再評価差額金と②税効果会計（繰延税金資産又は繰延税金負債）とに区分して計上されます。

解説

1. 税務処理について

再評価差額金は資本の部に計上されますが、法人税法上損益に影響しません。したがって、税務処理はありません。

（税務処理）

なし

2. 修正処理について

　会社処理と税務処理とを比較すると、処理に差異が生じていますので修正処理する必要があります。

（修正処理）

繰延税金負債 (B/S)	150	土地 (B/S)	500
再評価差額金 (B/S)	350		

① 　別表四は申告調整不要です。
② 　別表五（一）は翌期以後の貸借対照表（繰延税金負債、再評価差額金、土地）の消去処理のため、「繰延税金負債」として 150 加算、「再評価差額金」として 350 加算、「土地」として 500 減算します。

3. 別表調理について

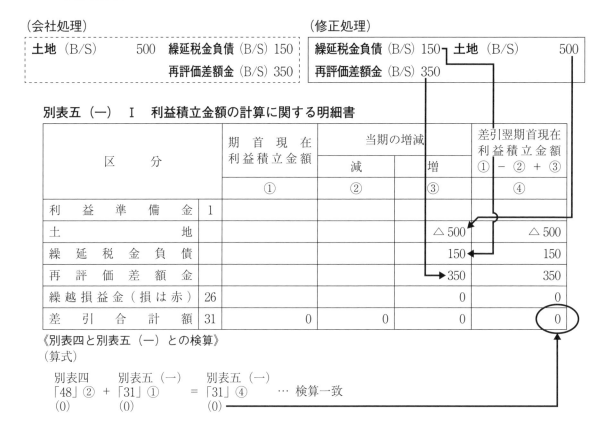

（会社処理）

土地 (B/S)	500	繰延税金負債 (B/S)	150
		再評価差額金 (B/S)	350

（修正処理）

繰延税金負債 (B/S)	150	土地 (B/S)	500
再評価差額金 (B/S)	350		

別表五（一）　Ⅰ　利益積立金額の計算に関する明細書

区　　分	期　首　現　在 利益積立金額	当期の増減		差引翌期首現在 利益積立金額 ① － ② + ③
	①	減 ②	増 ③	④
利　益　準　備　金	1			
土　　　　　　　地			△ 500	△ 500
繰　延　税　金　負　債			150	150
再　評　価　差　額　金			350	350
繰越損益金（損は赤）	26		0	0
差　引　合　計　額	31	0	0	0	0

《別表四と別表五（一）との検算》
（算式）

```
別表四      別表五（一）    別表五（一）
「48」②  +  「31」①   =  「31」④   … 検算一致
(0)        (0)          (0)
```

Q

　過年度において再評価した事業用土地を3,000で売却しました。申告調整はどのようになりますか。

	帳簿価額①	再評価②	再評価差額③ （②－①）
土地	1,500	2,000	500

法人税等の実効税率30％

（会社処理）

現金（B/S）	3,000	土地（B/S）	2,000
		譲渡益（P/L）	1,000
繰延税金負債（B/S）	150	法人税等調整額（P/L）	150
再評価差額金（B/S）	350	再評価差額取崩額（B/S）	350

※　土地を売却した場合は、土地評価差額金を取り崩さなければなりません（土地再評価法8）。

※　再評価差額取崩額（B/S）350は、損益計算書においては当期利益の次に計上するため損益に影響がありません。

（公表P/L）

税引前当期利益	1,000
法人税等調整額	150
当期利益	**1,150**
再評価差額金取崩額	350
前期繰越利益	0
当期未処分利益	1,500

｝損益が発生するところ

解説

1. 税務処理について

　固定資産の収益計上時期は、原則として引き渡しの日に計上することになります（法基通

2-1-1）。法人税法上の土地の帳簿価額は、1,500（B/S の 2,000 と別表五（一）の△ 500）ですので、土地譲渡益が 1,500 発生します（法法 22 ②）。したがって、税務処理は次のとおりです。

（税務処理）

現金（B/S）	3,000	土地（B/S）	1,500
		譲渡益（P/L）	1,500

← 法法 22 ②

2. 修正処理について

　会社処理と税務処理とを比較すると、処理に差異が生じていますので修正処理する必要があります。

（修正処理）

土地（B/S）	500	譲渡益（P/L）	500
法人税等調整額（P/L）	150	繰延税金負債（B/S）	150
再評価差額取崩額（B/S）	350	再評価差額金（B/S）	350

① 　別表四は「譲渡益計上もれ」として 500 加算、「法人税等調整額否認」として 150 減算します。

② 　別表五（一）は翌期以後の貸借対照表（土地、再評価差額取崩額、繰延税金負債、再評価差額金）の消去処理のため、「土地」として 500 加算、「再評価差額取崩額」として 350 加算、「繰延税金負債」として 150 減算、「再評価差額金」として 350 減算します。

3. 別表調理について

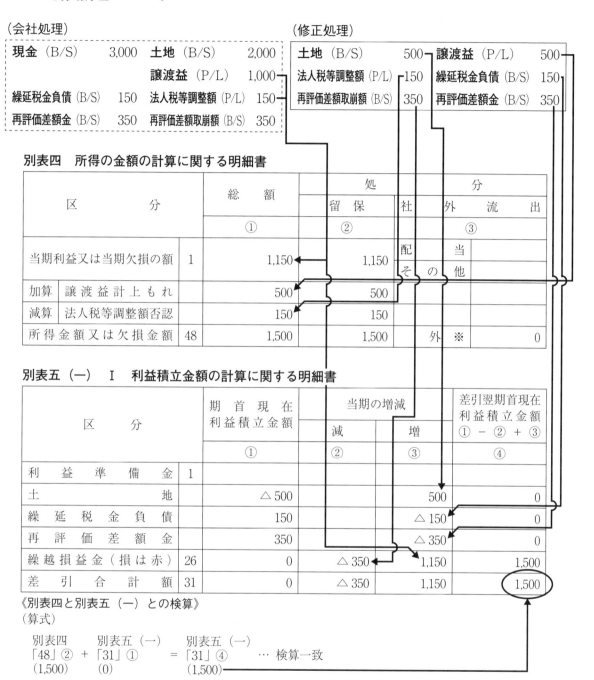

（会社処理）

現金（B/S）	3,000	土地（B/S）	2,000
		譲渡益（P/L）	1,000
繰延税金負債（B/S）	150	法人税等調整額（P/L）	150
再評価差額金（B/S）	350	再評価差額取崩額（B/S）	350

（修正処理）

土地（B/S）	500	譲渡益（P/L）	500
法人税等調整額（P/L）	150	繰延税金負債（B/S）	150
再評価差額取崩額（B/S）	350	再評価差額金（B/S）	350

別表四　所得の金額の計算に関する明細書

区　　　分		総　額	処			分	
			留　保	社	外　流　出		
		①	②		③		
当期利益又は当期欠損の額	1	1,150	1,150	配 その	当 の 他		
加算	譲渡益計上もれ	500	500				
減算	法人税等調整額否認	150	150				
所得金額又は欠損金額	48	1,500	1,500	外 ※			0

別表五（一）　Ⅰ　利益積立金額の計算に関する明細書

区　　　分		期首現在利益積立金額	当期の増減		差引翌期首現在利益積立金額①－②＋③
			減	増	
		①	②	③	④
利　益　準　備　金	1				
土　　　　　　地		△500		500	0
繰　延　税　金　負　債		150		△150	0
再　評　価　差　額　金		350		△350	0
繰越損益金（損は赤）	26	0	△350	1,150	1,500
差　引　合　計　額	31	0	△350	1,150	1,500

《別表四と別表五（一）との検算》
（算式）

別表四　　　別表五（一）　　別表五（一）
「48」②　＋　「31」①　　＝　「31」④　　… 検算一致
（1,500）　　（0）　　　　　（1,500）

2-18　有価証券の再評価差額

　所有する「その他有価証券」について、時価評価により再評価しました。法人税法上の評価損益が認められる事実はありませんでした。申告調整はどのようになりますか。

	帳簿価額①	再評価②	再評価差額③ （②－①）
Ａ社株式	5,000	9,000	4,000
Ｂ社株式	4,000	2,000	△ 2,000

法人税等の実効税率 30 ％

（会社処理）

Ａ社株式（B/S）	4,000	繰延税金負債（B/S）	1,200
		その他有価証券評価差額金（B/S）	2,800
繰延税金資産（B/S）	600	Ｂ社株式（B/S）	2,000
有価証券評価損（P/L）	1,400		

※　会計上、「その他有価証券」の評価差額の処理方法には、2 つの方法があります（選択適用）。

①　貸借対照表の純資産の部に計上する方法（全部純資産直入法）…損益影響なし

②　評価益は純資産の部に計上し、評価損は当期の損失に計上する方法（部分純資産直入法）…損益影響有り

解説

1. 税務処理について

　法人税法上、原則として評価損は認められていません（法法 33 ①）。有価証券の評価損は、①価額が著しく低下したこと等の事実と、②損金経理することを要件に認めることとなっています（法法 33 ②、法令 68）。本件では有価証券の評価損が認められる事実がありませんので、税務処理は不要となります。

（税務処理）

なし

2.　修正処理について

　会社処理と税務処理とを比較すると、処理に差異が生じていますので修正処理する必要があります。

（修正処理）

繰延税金負債（B/S）	1,200	A 社株式（B/S）	4,000
その他有価証券評価差額金（B/S）	2,800		
B 社株式（B/S）	2,000	繰延税金資産（B/S）	600
		有価証券評価損（P/L）	1,400

　①　別表四は「有価証券評価損否認」として 1,400 加算します。

　②　別表五（一）は翌期以後の貸借対照表（A 社株式、B 社株式、繰延税金負債、その他有価証券評価差額金）の消去処理のため、「A 社株式」として 4,000 減算、「B 社株式」として 2,000 加算、「繰延税金負債」として 1,200 加算、「繰延税金資産」として 600 減算、「その他有価証券評価差額金」として 2,800 加算します。

（参考）
金融商品会計に関する実務指針（会計制度委員会報告第 14 号）

（評価差額の処理）
73　金融商品会計基準第 18 項では、その他有価証券は、「時価をもって貸借対照表価額とし、評価差額は洗い替え方式に基づき、次のいずれかの方法により処理する。」とされている。なお、評価差額を算出する上で時価と比較される取得原価には、時価が著しく下落したときに帳簿価額を時価まで評価替えした当該評価額が含まれる。
①　評価差額（評価差益及び評価差損）の合計額を純資産の部に計上する全部純資産直入法
②　時価が取得原価を上回る銘柄に係る評価差額（評価差益）は純資産の部に計上し、時価が取得原価を下回る銘柄に係る評価差額（評価差損）は当期の損失として処理する部分純資産直入法
　原則として、全部純資産直入法を適用するが、継続適用を条件として部分純資産直入法を適用することもできる。また、株式、債券等の有価証券の種類ごとに両方法を区分して適用することも認められる。

3. 別表調理について

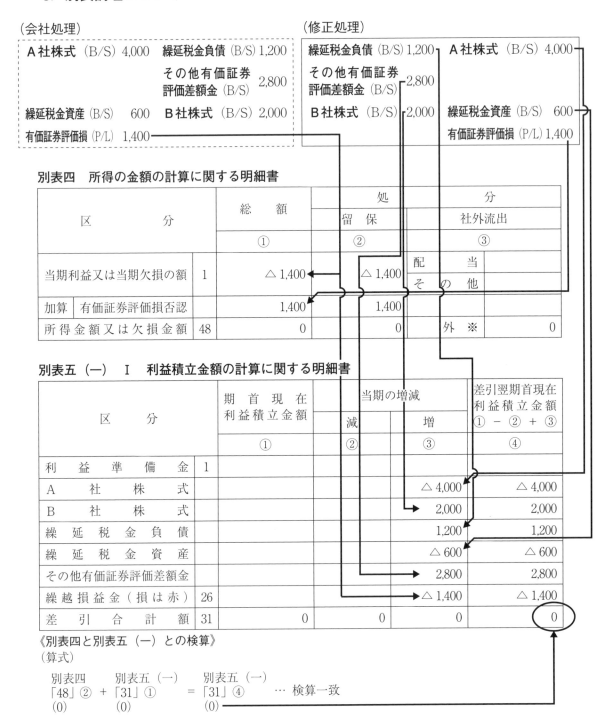

（会社処理）

A社株式（B/S）4,000	繰延税金負債（B/S）1,200
	その他有価証券 評価差額金（B/S）2,800
繰延税金資産（B/S）600	B社株式（B/S）2,000
有価証券評価損（P/L）1,400	

（修正処理）

繰延税金負債（B/S）1,200	A社株式（B/S）4,000
その他有価証券 評価差額金（B/S）2,800	
B社株式（B/S）2,000	繰延税金資産（B/S）600
	有価証券評価損（P/L）1,400

別表四　所得の金額の計算に関する明細書

区　　　分		総　　額	処	分	
			留　保	社外流出	
		①	②	③	
当期利益又は当期欠損の額	1	△1,400	△1,400	配　　当	
				そ　の　他	
加算	有価証券評価損否認	1,400	1,400		
所得金額又は欠損金額	48	0	0	外　※	0

別表五（一）　I　利益積立金額の計算に関する明細書

区　　　分		期首現在 利益積立金額	当期の増減		差引翌期首現在 利益積立金額 ① − ② + ③
			減	増	
		①	②	③	④
利　益　準　備　金	1				
A　　社　　株　　式				△4,000	△4,000
B　　社　　株　　式				2,000	2,000
繰　延　税　金　負　債				1,200	1,200
繰　延　税　金　資　産				△600	△600
その他有価証券評価差額金				2,800	2,800
繰越損益金（損は赤）	26			△1,400	△1,400
差　引　合　計　額	31	0	0	0	0

《別表四と別表五（一）との検算》

（算式）

別表四	別表五（一）	別表五（一）	
「48」②	＋　「31」①	＝　「31」④	… 検算一致
(0)	(0)	(0)	

第3章

ストック・オプション及び
特定譲渡制限付株式
(リストリクテッドストック)

3-1　ストック・オプションの取扱い

1.　ストック・オプションの概要

　ストック・オプションとは、自己株式オプションのうち、特に企業がその従業員等に報酬として付与するもの（新株予約権）と定義されています（ストック・オプション等に関する会計基準第2項(1)、(2)）。ストック・オプションは従業員又は役員に対するインセンティブ（意欲刺激、誘因）として活用され、従業員等から受ける労働役務提供の費用の対価を新株予約権でもって交付するというものです。

　この制度は、会社が従業員等に対し労働の役務提供に係る債権をもって払込みに代えて相殺することを、あらかじめ定めた契約に基づいて、新株予約権の引受けを権利行使期間内に権利行使価格で会社に請求しうる権利を付与する制度です。従業員等は株式の市場価格が権利行使価格を上回る時期にオプションを行使し株式を取得し、これを証券市場で売却することによりキャピタル・ゲイン（利益）を得ることができます。

2.　会社法の新株予約権の取扱い

　「新株予約権」とは、株式会社に対して権利行使することによりその発行会社の株式の交付を受けることができる権利をいいます（会法2二十一）。

　新株予約権の発行（新株予約権証券）について、①新株予約権の払込価格、②権利行使の目的となる株式の種類及び数、③権利行使価格、④権利行使期間、⑤権利行使により増加する資本金及び資本準備金に関する事項等が決定されます（会法236、238）。

　新株予約権証券は、証券取引法上の有価証券に該当します（会法288①、金商法2①九）。

　新株予約権者は、払込価格を払い込むことにより株式購入の予約をしておき、その後、権利行使期間において、権利行使価格を払い込むことによって株式を取得するか、又は、権利放棄するかを選択します。

3.　会計基準のストック・オプションの取扱い

【発行者側】
⑴　新株予約権を付与した場合

　ストック・オプションを付与することにより、法人が従業員等から取得する労働の役務提供の対価をストック・オプションの権利の行使又は失効が確定するまでの間、費用計上します。報酬債務は貸借対照表の純資産の部に新株予約権として計上します（ストック・オプション等に関する会計基準第4項）。

(2)　労働の役務提供の費用の期間配分

　各会計期間における費用計上額は、公正な評価額のうち対象勤務期間を基礎とする方法その他の合理的な方法に基づき当期に発生したと認められる額を計上します。

(3)　オプション単価の公正な評価方法

　新株予約権のオプション単価は、合理的な価額の見積りに広く受け入れられている算定方法を使用します。条件変更の場合を除き、その後の見直しはできません。

(4)　新株予約権を権利行使された場合

　①　新株を発行する場合

　　新株予約権の発行に伴う払込金額と新株予約権の行使に伴う払込金額の合計額は、資本金又は資本準備金に振り替えます。

　②　自己株式を処分する場合

　　新株予約権が行使され、自己株式を処分する場合の自己株式処分差額の会計処理は、募集株式の発行等の手続により処分する場合に準じて取り扱います（「自己株式及び準備金の額の減少等に関する会計基準」）。

　　自己株式処分差額を計算する際の自己株式の処分の対価は、当該新株予約権の発行に伴う払込金額と新株予約権の行使に伴う払込金額との合計額となります。

(5)　新株予約権の権利不行使による失効の場合

　失効が確定したときには、新株予約権として計上した額のうち、その失効に対応する部分を利益として計上します。

【取得者側】

(1)　新株予約権の取得時

　新株予約権は、取得時に時価で測定し、保有目的の区分に応じて、売買目的有価証券又はその他有価証券として会計処理することになります（金融商品会計実務指針第29項）。

(2)　新株予約権の権利確定日後の処理

　①　権利行使した場合

　　保有目的区分に応じて、売買目的有価証券の場合には権利行使時の時価で、その他有価証券の場合には帳簿価額で、株式に付替えします。

　②　権利行使せず失効した場合

　　新株予約権の帳簿価額を当期の損失として処理します。

4.　法人税法上のストック・オプションの取扱い

(1)　税制非適格ストック・オプション（法法 54 の 2）

　法人税法上、新株予約権は、有価証券として取り扱われます（法法 2 二十一、法令 11）。

　所得税法上、税制非適格ストック・オプションは、権利行使時に払込金額と取得した株式の時価との差額は、給与所得等として課税されます（所法 36、所令 84）。

　法人税法上、従業員等からの役務提供に対し、対価を支払うべき債務を負いますが、損金算入時期は給与等課税事由が発生する時点（新株予約権から株式に変換した権利行使時）となっています（法法 54 の 2 ①）。したがって、役務提供時に費用計上することはできません。

　損金算入に当たり注意すべき点は、次のとおりです（法法 54 の 2）。

①　役務の提供の対価でないものは、対象となりません。対象となるかどうかは、原則として新株予約権の発行に係る決議が役務の提供に係る債権をもって払込みに代えて相殺する旨の会社法上の決議があったかどうかで判断します。

②　親会社が子会社の従業員等に親会社の新株予約権を直接付与する場合も対象となります。この場合、その従業員等からその親会社に役務の提供があったかどうかが判断基準となります。

③　役務の提供が「給与等課税事由」が生じているものでなければなりません（法法 54 の 2 ①②）。「給与等課税事由」とは、給与所得、事業所得、退職所得及び雑所得とされています（法令 111 の 3 ②）。また、非居住者の権利行使益は、給与等課税事由に非該当とされています。なお、租税特別措置法の税制適格ストック・オプションに該当するものは、給与等課税事由が生じていないこととなっています（法法 54 の 2 ②）。

④　所得税法施行令第 84 条（株式等を取得する権利の価額）に規定する権利の譲渡についての制限その他特別の条件が付されていなければなりません（法令 111 の 3 ①）。

⑤　新株予約権が消滅をしたときの消滅による利益の額は、会計上は収益の額が生じますが、その収益の額は益金不算入となります（法法 54 の 2 ③）。それは税務上、損金の額に算入されたものではないからです（戻入れ）。

⑥　発行法人は、確定申告書に別表九（二）（新株予約権に関する明細書）を添付しなければなりません（法法 54 の 2 ④）。

⑦　新株予約権の発行が正常な取引条件で行われた場合には、役務の提供に係る費用の額は、その新株予約権の発行の時（付与時）の価額に相当する金額となります（法令 111 の 3 ③）。役務提供を受けたときの役務の価額ではありません。

⑧　新株予約権の発行に係る払込金額が過少であった場合は、その額は損金不算入となります。また、過大であった場合は損金算入となります（法法 54 の 2 ⑤）。

(2)　税制適格ストック・オプション（措法 29 の 2、措令 19 の 3）

　税制適格ストック・オプションは、所得税法上、付与時及び権利行使時には課税されず、

権利行使により取得した株式を譲渡した時に譲渡所得として課税することとされています（措法29の2）。税制適格ストック・オプションの主な要件は、次のとおりです。

① 新株予約権の発行方法

　　会社法第238条第2項（募集事項の決定）の決議（同法第239条第1項（募集事項の決定の委任）、第240条第1項（公開会社における募集事項の決定の特則）の決議を含みます。）により発行された新株予約権であること。

② 付与対象者

　　発行会社又は子会社（所有割合50％超）の取締役、執行役、使用人又はその相続人である個人（大口株主及び大口株主の特別関係者を除きます。）であること（措法29の2①、措令19の3②）。

③ 権利行使期間

　　付与決議日後2年を経過した日から、付与決議日後10年を経過するまでの間に権利行使が行われること（措法29の2①一）。

④ 権利行使価額の年間合計額

　　権利行使価額の年間合計額が1,200万円を超えないこと（措法29の2①二）。

⑤ 権利行使価額

　　新株予約権の権利行使に係る1株当たりの権利行使価額が付与時の1株当たりの時価以上であること（措法29の2①三）。

⑥ 譲渡禁止

　　新株予約権は譲渡してはならないとされていること（措法29の2①四）。

⑦ 権利行使に係る株式の交付

　　権利行使に係る株式の交付が会社法第238条第1項に定める事項に反しないで行われること（措法29の2①五）。

⑧ 管理等信託

　　発行法人と証券業者又は金融機関との間での管理等信託契約に従い、取得後直ちに保管の委託又は管理等信託がされること（措法29の2①六）。

⑨ 権利者の書面提出

　イ　権利者が付与決議日において発行法人の大口株主及び大口株主の特別関係者に該当しないこと（措令19の3③④）。

　ロ　権利行使日の属する年度における他の税制適格ストック・オプションの行使の有無等の一定の事項を記載した書面が発行法人に提出されること（措法29の2②）。

⑩ 所轄署への提出

　　新株予約権の付与に関する調書を付与日の属する年の翌年1月31日までに、所轄の税務署へ提出すること（措法29の2⑥）。

3-2 ストック・オプション（付与時）

Q

　A社は役員の役務提供の対価として新株予約権を次の条件で付与することを決議しました（税制非適格ストック・オプション）。A社の付与時の申告調整はどのようになりますか。

（会社処理）

> なし

〈発行条件〉

・会社の事業年度：2018.4.1～2019.3.31

・付 与 日：2018.7.1

・付 与 数：240 個

・付与日の公正な評価額：50,000 円/個 （240 × 50,000 ＝ 12,000,000）

・対象勤務期間：2018.6.28～2019.6.30（1 年）

・権利確定日：2019.7.1

・権利行使期間：2019.6.1～2020.6.30

※　ストック・オプションとは、「自社株式オプションのうち特に企業がその従業員等に報酬として付与するものをいう。」となっています（ストック・オプション等に関する会計基準第 2 項(2)）。

解説

1. 税務処理について

　会計上、ストック・オプションを付与することにより、法人が従業員等から取得する労働の役務提供の対価をストック・オプションの権利の行使又は失効が確定するまでの間、費用計上することとなっています。報酬債務は貸借対照表の純資産の部に新株予約権として計上することとなっています（ストック・オプション等に関する会計基準第 4 項）。

　法人税法上、従業員等からの役務提供に対する対価は、その対価を支払うべき債務を負う

ことで損金性が認められますが、税制非適格ストック・オプションに係る損金算入時期は、所得税法上の給与所得その他の勤労性の所得として「給与等課税事由」が発生する時点（権利行使時）において、損金算入が認められることとなっています（法法54の2①）。また、給与等課税事由とは、給与所得、事業所得、退職所得及び雑所得とされています（法令111の3②）。損金算入に当たり注意すべき点は、次のとおりです（法法54の2）。

① 　役務の提供の対価でないものは、対象となりません。対象となるかどうかは、原則として新株予約権の発行に係る決議が役務の提供に係る債権をもって払込みに代えて相殺する旨の会社法上の決議があったかどうかで判断することとなります。

② 　親会社が子会社の従業員等に親会社の新株予約権を直接付与する場合も対象となります。

③ 　役務の提供の内容が「給与等課税事由」に該当するものでなければなりません（法法54の2①）。なお、租税特別措置法の税制適格ストック・オプションに該当するものは、給与等課税事由が生じていないこととなっています（法法54の2②）。

④ 　新株予約権は所得税法施行令第84条（譲渡制限付株式の価額）に規定する権利の譲渡についての制限その他特別の条件が付されているものでなければなりません（法令111の3①）。

⑤ 　新株予約権が消滅をしたときの消滅による利益の額は、会計上、収益の額が生じますが、法人税法上、益金不算入となっています（法法54の2③）。

⑥ 　確定申告書に新株予約権に関する明細書を添付する義務があります（法法54の2④）。

⑦ 　新株予約権の発行が正常な取引条件で行われた場合には、役務の提供に係る費用の額は、その新株予約権の発行の時（付与時）の価額に相当する金額となります（法令111の3③）。役務提供を受けたときの役務の価額ではありません。

⑧ 　新株予約権の発行に係る払込金額が過少であった場合は、その差額は損金不算入となります。また、過大であった場合の差額は益金不算入となります（法法54の2⑤）。

本件では、ストック・オプションの付与時において、A社と役員との間において、役員の労働の役務提供に係る報酬債権とA社の報酬債務を相殺することをあらかじめ定めた契約に基づき行われますので、付与時は損益が生じないこととなります。したがって、税務処理は次のとおりです。

（税務処理）

前払費用（B/S）	※12,000,000	新株予約権債務（B/S）	12,000,000

※ 　50,000円/個 × ストック・オプション数240個 ＝ 12,000,000

2. 修正処理について

会社処理と税務処理とを比較しますと、処理に差異が生じていますので修正処理する必要があります。

（修正処理）

前払費用（B/S）	12,000,000	新株予約権債務（B/S）	12,000,000

① 　別表四は申告調整不要です。

② 　別表五（一）は翌期以後の貸借対照表（前払費用、新株予約権債務）の消去処理のため、「前払費用」として 12,000,000 加算、「新株予約権債務」として 12,000,000 減算します。

3. 別表調理について

（会社処理）

なし

（修正処理）

前払費用（B/S） 12,000,000	新株予約権債務（B/S） 12,000,000

別表五（一）　Ⅰ利益積立金額の計算に関する明細書

区　　分		期首現在利益積立金額	当期の増減		差引翌期首現在利益積立金額 ① － ② ＋ ③
			減	増	
		①	②	③	④
利 益 準 備 金	1				
前 払 費 用				12,000,000	12,000,000
新 株 予 約 権 債 務				△ 12,000,000	△ 12,000,000
繰 越 損 益 金（損 は 赤）	26				
差 引 合 計 額	31			0	0

Ⅱ　資本金等の額の計算に関する明細書

区　　分		期首現在資本金等の額	当期の増減		差引翌期首現在資本金等の額 ① － ② ＋ ③
			減	増	
		①	②	③	④
資 本 金 又 は 出 資 金	32				
資 本 準 備 金	33				
差 引 合 計 額	36	0	0	0	0

《別表四と別表五（一）との検算》

（算式）

別表四　　　別表五（一）　　別表五（一）
「48」② ＋ 「31」① ＝ 「31」④ 　… 検算一致
(0)　　　　　(0)　　　　　　(0)

3-3　ストック・オプション（1年目）

　A社は役員の役務提供の対価として、新株予約権を次の条件で付与することを決議していました（税制非適格ストック・オプション）。A社と役員との間においては、あらかじめ定めた契約に基づき、役員の役務提供の対価を次のとおり処理しました。2019年3月期の申告調整はどのようになりますか。

別表五（一）の期首の状況
I　利益積立金額の計算に関する明細書

区　　　分	期首現在利益積立金額
前　払　費　用	12,000,000
新株予約権債務	△ 12,000,000

（会社処理）

役員給与（P/L）　※9,000,000	新株予約権（B/S）　9,000,000

※　12,000,000 × 9/12（2018.7〜2019.3）＝ 9,000,000

（解説）

1．税務処理について

　法人税法上、従業員等からの役務提供の対価は、その対価を支払うべき債務を負うことで損金性が認められますが、税制非適格ストック・オプションに係る損金算入時期は、所得税法上の給与所得その他の勤労性の所得として「給与等課税事由」が発生する時点（権利行使時）において、損金算入が認められることとなっています（法法54の2①）。

　本件では、当期においてストック・オプションの権利行使期間はありませんので、損益は生じないこととなります。したがって、税務処理はありません。

（税務処理）

なし

2.　修正処理について

　会社処理と税務処理とを比較しますと、処理に差異が生じていますので修正処理する必要があります。

（修正処理）

新株予約権（B/S）　9,000,000	役員給与（P/L）　9,000,000

①　別表四は「役員給与否認」として 9,000,000 加算（留保）します。

②　別表五（一）は翌期以後の貸借対照表（新株予約権）の消去処理のため、「新株予約権」として 9,000,000 加算します。

3. 別表調理について

（会社処理）
役員給与（P/L）9,000,000　新株予約権（B/S）9,000,000

（修正処理）
新株予約権（B/S）9,000,000　役員給与（P/L）9,000,000

別表四　所得の金額の計算に関する明細書

区　　　分		総　額	処　　　　　分		
			留　保	社　外　流　出	
		①	②	③	
当期利益又は当期欠損の額	1	△ 9,000,000	△ 9,000,000	配　当	
				その他	
加算　役員給与否認		9,000,000	9,000,000		
所得金額又は欠損金額	48	0	0	外　※	0

別表五（一）　I　利益積立金額の計算に関する明細書

区　　　分		期首現在利益積立金額	当期の増減		差引翌期首現在利益積立金額 ① － ② ＋ ③
			減	増	
		①	②	③	④
利　益　準　備　金	1				
前　払　費　用		12,000,000			12,000,000
新株予約権債務		△ 12,000,000			△ 12,000,000
新　株　予　約　権				9,000,000	9,000,000
繰越損益金（損は赤）	26			△ 9,000,000	△ 9,000,000
差　引　合　計　額	31	0		0	0

II 資本金等の額の計算に関する明細書

区　　　分		期首現在資本金等の額	当期の増減		差引翌期首現在資本金等の額 ① － ② ＋ ③
			減	増	
		①	②	③	④
資本金又は出資金	32				
資　本　準　備　金	33				
差　引　合　計　額	36	0	0	0	0

《別表四と別表五（一）との検算》
（算式）

別表四　　別表五（一）　　別表五（一）
「48」②　＋　「31」①　　＝「31」④　… 検算一致
（0）　　　（0）　　　　　（0）

3-4　ストック・オプション
　　　（2年目：権利行使日、税制非適格）

Q

　A社は役員の役務提供の対価として、新株予約権を次の条件で付与することを決議していました（税制非適格ストック・オプション）。役員は権利行使期間内にオプションを権利行使しました。会社処理は次のとおりです。2020年3月期の権利行使時の申告調整はどのようになりますか。

別表五（一）の期首の状況
Ⅰ　利益積立金額の計算に関する明細書

区　　　分	期首現在利益積立金額
前　払　費　用	12,000,000
新株予約権債務	△ 12,000,000
新　株　予　約　権	9,000,000

（会社処理）

役員給与（P/L）	※ 3,000,000	新株予約権（B/S）	3,000,000
新株予約権（B/S）	12,000,000	資本金（B/S）	12,000,000

※　12,000,000 × 3/12（2019.4〜6）＝ 3,000,000

	対象勤務期間		権利行使期間	
6.28	7.1	2019/3　7.1	2020/3	7.1
▽	▽	▽		▽
株主総会	付与時	権利確定日		権利行使終了

解説

1.　税務処理について

　法人税法上、従業員等からの役務提供の対価は、その対価を支払うべき債務を負うことで損金性が認められますが、税制非適格ストック・オプションに係る損金算入時期は、所得税法上の給与所得その他の勤労性の所得として「給与等課税事由」が発生する時点（権利行使時）において、損金算入が認められることとなっています（法法54の2①）。

また、給与等課税事由とは、給与所得、事業所得、退職所得及び雑所得とされています（法令111の3①）。本件では、ストック・オプションの権利行使により給与等課税事由等が発生しましたので、損金算入することとなります。

○　資本金等の額の増加額

会計上、ストック・オプションが権利行使され、新株を発行した場合には、いままで新株予約権として計上した額を払込資本に振り替えることとなっています（ストック・オプション等に関する会計基準第8項）。

法人税法上、新株の発行があった場合、資本金等の額の増加の計算は次のとおりです（法令8①二）。

（算式）（法令8①二）

$$\left(\begin{array}{l}\text{払い込まれた}\\\text{金銭等の額}\quad 0\end{array} + \begin{array}{l}\text{新株予約権の帳簿}\\\text{価額}\quad 12{,}000{,}000\end{array}\right) - \text{増加資本金の額}\quad 12{,}000{,}000 = 0$$

　※　増加資本金は登記簿上の金額

したがって、税務処理は次のとおりです。

（税務処理）

新株予約権債務（B/S）	12,000,000	資本金（B/S）	12,000,000
役員給与（P/L）	12,000,000	前払費用（B/S）	12,000,000

2.　修正処理について

会社処理と税務処理とを比較しますと、処理に差異が生じていますので修正処理する必要があります。

（修正処理）

新株予約権債務（B/S）	12,000,000	前払費用（B/S）	12,000,000
役員給与（P/L）	9,000,000	新株予約権（B/S）	9,000,000

①　別表四は「役員給与認容」として9,000,000減算（留保）します。

②　別表五（一）は翌期以後の貸借対照表（新株予約権債務、新株予約権、前払費用）の消去処理のため、「新株予約権債務」として12,000,000加算、「新株予約権」として9,000,000減算、「前払費用」として12,000,000減算します。

なお、本件の役員給与は、法人税法第34条（役員給与の損金不算入）の規定において、新株予約権に係るものは損金不算入から除かれています（法法34①二イ）。

3. 別表調理について

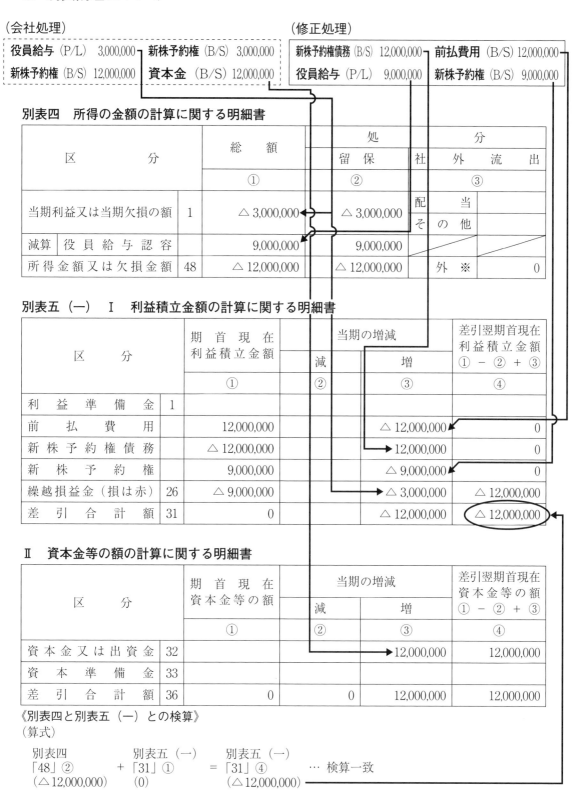

（会社処理）

| 役員給与（P/L） | 3,000,000 | 新株予約権（B/S） | 3,000,000 |
| 新株予約権（B/S） | 12,000,000 | 資本金（B/S） | 12,000,000 |

（修正処理）

| 新株予約権債務（B/S） | 12,000,000 | 前払費用（B/S） | 12,000,000 |
| 役員給与（P/L） | 9,000,000 | 新株予約権（B/S） | 9,000,000 |

別表四　所得の金額の計算に関する明細書

区　　分		総　　額	処		分	
			留　保	社	外　流　出	
		①	②		③	
当期利益又は当期欠損の額	1	△3,000,000	△3,000,000	配　当 その　他		
減算　役員給与認容		9,000,000	9,000,000			
所得金額又は欠損金額	48	△12,000,000	△12,000,000	外　※		0

別表五（一）　I　利益積立金額の計算に関する明細書

区　　分		期首現在 利益積立金額	当期の増減		差引翌期首現在 利益積立金額 ①－②＋③
			減	増	
		①	②	③	④
利益準備金	1				
前払費用		12,000,000		△12,000,000	0
新株予約権債務		△12,000,000		12,000,000	0
新株予約権		9,000,000		△9,000,000	0
繰越損益金（損は赤）	26	△9,000,000		△3,000,000	△12,000,000
差引合計額	31	0		△12,000,000	△12,000,000

II　資本金等の額の計算に関する明細書

区　　分		期首現在 資本金等の額	当期の増減		差引翌期首現在 資本金等の額 ①－②＋③
			減	増	
		①	②	③	④
資本金又は出資金	32			12,000,000	12,000,000
資本準備金	33				
差引合計額	36	0	0	12,000,000	12,000,000

《別表四と別表五（一）との検算》
（算式）

別表四 「48」②	別表五（一） 「31」①	別表五（一） 「31」④	
（△12,000,000）	（0）	（△12,000,000）	… 検算一致

3-5　ストック・オプション（失効時）

　A社は役員の役務提供の対価として、新株予約権を次の条件で付与することを決議していました（税制非適格ストック・オプション）。役員はストック・オプションの権利行使期間中、権利行使しませんでした。2021年3月期の申告調整はどのようになりますか。

別表五（一）の期首の状況
Ⅰ　利益積立金額の計算に関する明細書

区　　　分	期首現在利益積立金額
前　払　費　用	12,000,000
新株予約権債務	△ 12,000,000
新　株　予　約　権	9,000,000

（会社処理）

新株予約権（B/S）　　　※ 9,000,000　　特別利益（P/L）　　　　9,000,000

※　12,000,000 × 9/12（2018.7～2019.3）＝ 9,000,000

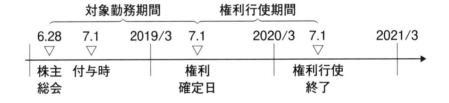

解説

1.　税務処理について

　法人税法上、従業員等からの役務提供の対価は、その対価を支払うべき債務を負うことで損金性が認められますが、税制非適格ストック・オプションに係る損金算入時期は、所得税法上の給与所得その他の勤労性の所得として「給与等課税事由」が発生する時点（権利行使時）において、損金算入が認められることとなっています（法法54の2①）。

　新株予約権の権利行使が行われず失効した場合は、「給与等課税事由」が消滅したこととなりますので、消滅による利益の額は益金不算入となっています（法法54の2③）。

　本件では、役員は権利行使しませんでしたので、過年度（税務処理）の貸借対照表（前払費用、新株予約権債務）の消去処理をします。したがって、税務処理は次のとおりです。

（税務処理）

| 新株予約権債務（B/S） | 12,000,000 | 前払費用（B/S） | 12,000,000 |

2．修正処理について

　会社処理と税務処理とを比較しますと、処理に差異が生じていますので修正処理する必要があります。

（修正処理）

| 新株予約権債務（B/S） | 12,000,000 | 前払費用（B/S） | 12,000,000 |
| 特別利益（P/L） | 9,000,000 | 新株予約権（B/S） | 9,000,000 |

①　別表四は「特別利益過大」として 9,000,000 減算（留保）します。

②　別表五（一）は翌期以後の貸借対照表（新株予約権債務、前払費用、新株予約権）の消去処理のため、「新株予約権債務」として 12,000,000 加算、「前払費用」として 12,000,000 減算、「新株予約権」として 9,000,000 減算します。

3. 別表調理について

（会社処理）

新株予約権（B/S）9,000,000　特別利益（P/L）9,000,000

（修正処理）

新株予約権債務（B/S）12,000,000　前払費用（B/S）12,000,000
特別利益（P/L）9,000,000　新株予約権（B/S）9,000,000

別表四　所得の金額の計算に関する明細書

区　　　分		総　　額	処		分	
			留　保	社	外　流　出	
		①	②		③	
当期利益又は当期欠損の額	1	9,000,000	9,000,000	配 当		
				その他		
減算　特別利益過大		9,000,000	9,000,000			
所得金額又は欠損金額	48	0	0	外　※		0

別表五（一）　I　利益積立金額の計算に関する明細書

区　　　分		期首現在利益積立金額	当期の増減		差引翌期首現在利益積立金額 ① － ② + ③
			減	増	
		①	②	③	④
利　益　準　備　金	1				
前　払　費　用		12,000,000		△ 12,000,000	0
新　株　予　約　権　債　務		△ 12,000,000		12,000,000	0
新　株　予　約　権		9,000,000		△ 9,000,000	0
繰越損益金（損は赤）	26	△ 9,000,000		9,000,000	0
差　引　合　計　額	31	0		0	0

《別表四と別表五（一）との検算》
（算式）

別表四　　別表五（一）　別表五（一）
「48」②　＋「31」①　＝「31」④　… 検算一致
（0）　　　（0）　　　　（0）

3–6　ストック・オプション
（2年目：権利行使日、税制適格）

 Q

　A社は役員の役務提供の対価として、新株予約権を次の条件で付与することを決議しています（税制適格ストック・オプション）。役員は権利行使期間内にオプションを権利行使しました。会社処理は次のとおりです。2020年3月期の権利行使時の申告調整はどのようになりますか。

別表五（一）の期首の状況
Ⅰ　利益積立金額の計算に関する明細書

区　　　分	期首現在利益積立金額
前　払　費　用	12,000,000
新株予約権債務	△ 12,000,000
新　株　予　約　権	9,000,000

（会社処理）

役員給与（P/L）	※ 3,000,000	新株予約権（B/S）	3,000,000
新株予約権（B/S）	12,000,000	資本金（B/S）	12,000,000

※　12,000,000 × 3/12（2019.4～6）= 3,000,000

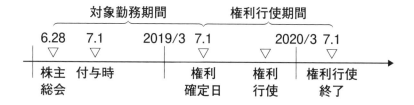

（解説）

1. 税務処理について

　法人税法上、従業員等からの役務提供の対価は、その対価を支払うべき債務を負うことで損金性が認められますが、税制非適格ストック・オプションに係る損金算入時期は、所得税法上の給与所得その他の勤労性の所得として「給与等課税事由」が発生する時点（権利行使時）において、損金算入が認められることとなっています（法法54の2①）。

　税制適格ストック・オプションの場合は、役員の権利行使により生じた経済的利益は非課税となっていますので、給与等課税事由が生じないこととなります（措法29の2①）。

(1)　税制適格ストック・オプションの要件

　税制適格ストック・オプションは、所得税法上、付与時及び権利行使時には課税されず、権利行使により取得した株式を譲渡した時に譲渡所得として課税することとされています（措法29の2）。税制適格ストック・オプションの主な要件は、次のとおりです。

①　新株予約権の発行方法

　　会社法第238条第2項（募集事項の決定）の決議（同法第239条第1項（募集事項の決定の委任）、第240条第1項（公開会社における募集事項の決定の特則）の決議を含みます。）により発行された新株予約権であること。

②　付与対象者

　　発行会社又は子会社（所有割合50%超）の取締役、執行役、使用人又はその相続人である個人（大口株主及び大口株主の特別関係者を除きます。）であること（措法29の2①、措令19の3②）。

③　権利行使期間

　　付与決議日後2年を経過した日から、付与決議日後10年を経過するまでの間に権利行使が行われること（措法29の2①一）。

④　権利行使価額の年間合計額

　　権利行使価額の年間合計額が1,200万円を超えないこと（措法29の2①二）。

⑤　権利行使価額

　　新株予約権の権利行使に係る1株当たりの権利行使価額が付与時の1株当たりの時価以上であること（措法29の2①三）。

⑥　譲渡禁止

　　新株予約権は譲渡してはならないとされていること（措法29の2①四）。

⑦　権利行使に係る株式の交付

　　権利行使に係る株式の交付が会社法第238条第1項に定める事項に反しないで行われること（措法29の2①五）。

⑧　管理等信託

　　発行法人と証券業者又は金融機関との間での管理等信託契約に従い、取得後直ちに保管の委託又は管理等信託がされること（措法29の2①六）。

⑨　権利者の書面提出

　イ　権利者が付与決議日において発行法人の大口株主及び大口株主の特別関係者に該当しないこと（措令19の3③④）。

　ロ　権利行使日の属する年度における他の税制適格ストック・オプションの行使の有無等の一定の事項を記載した書面が発行法人に提出されること（措法29の2②）。

⑩　所轄署への提出

新株予約権の付与に関する調書を付与日の属する年の翌年1月31日までに、所轄の税務署へ提出すること（措法29の2⑥）。

本件では、給与等課税事由が生じていませんので、費用の損金算入は認められないこととなります。

⑵　資本金等の額の増加額

会計上、ストック・オプションが権利行使され、新株を発行した場合には、いままで新株予約権として計上した額を払込資本に振り替えることとなっています（ストック・オプション等に関する会計基準第8項）。

法人税法上、新株の発行があった場合、資本金等の額の増加の計算は次のとおりです（法令8①二）。

（算式）（法令8①二）

$$\left(\begin{array}{c}\text{払い込まれた} \\ \text{金銭等の額} \quad 0\end{array} + \begin{array}{c}\text{新株予約権の帳簿} \\ \text{価額} \quad 12{,}000{,}000\end{array}\right) - \text{増加資本金の額} \quad 12{,}000{,}000 = 0$$

　　※　増加資本金は登記簿上の金額

したがって、税務処理は次のとおりです。

（税務処理）

新株予約権債務（B/S）	12,000,000	資本金（B/S）	12,000,000
役員給与（P/L）	12,000,000	前払費用（B/S）	12,000,000

2.　修正処理について

会社処理と税務処理とを比較しますと、処理に差異が生じていますので修正処理する必要があります。

（修正処理）

新株予約権債務（B/S）	12,000,000	前払費用（B/S）	12,000,000
役員給与（P/L）	9,000,000	新株予約権（B/S）	9,000,000

⑴　第一ステップ（会計処理との差異）の処理

①　別表四は「役員給与認容」として9,000,000減算（留保）します。

②　別表五（一）は翌期以後の貸借対照表（新株予約権債務、新株予約権、前払費用）の消去処理のため、「新株予約権債務」として12,000,000加算、「前払費用」として12,000,000減算、「新株予約権」として9,000,000減算します。

⑵　第二ステップ（別段の定め）の処理

　税制適格ストック・オプションの給与所得は、給与等課税事由に非該当となり損金不算入となります。したがって、別表四は「役員給与否認」として12,000,000加算（流出）します。

3. 別表調理について

（会社処理）　　　　　　　　　　　　　　　　　（修正処理）

役員給与（P/L）3,000,000 ─ 新株予約権（B/S）3,000,000　　新株予約権債務（B/S）12,000,000 ─ 前払費用（B/S）12,000,000

新株予約権（B/S）12,000,000　資本金（B/S）12,000,000　　役員給与（P/L）9,000,000 ─ 新株予約権（B/S）9,000,000

別表四　所得の金額の計算に関する明細書

区　　　分		総　　額	処		分	
			留　保	社	外　流　出	
		①	②		③	
当期利益又は当期欠損の額	1	△3,000,000	△3,000,000	配 当 / その他		
加算 役員給与否認		12,000,000			12,000,000	
減算 役員給与認容		9,000,000	9,000,000			
所得金額又は欠損金額	48	0	△12,000,000	外※	12,000,000	

別表五（一）　I　利益積立金額の計算に関する明細書

区　　　分		期首現在利益積立金額	当期の増減		差引翌期首現在利益積立金額①－②＋③
			減	増	
		①	②	③	④
利　益　準　備　金	1				
前　払　費　用		12,000,000		△12,000,000	0
新株予約権債務		△12,000,000		12,000,000	0
新　株　予　約　権		9,000,000		△9,000,000	0
繰越損益金（損は赤）	26	△9,000,000		△3,000,000	△12,000,000
差　引　合　計　額	31	0		△12,000,000	△12,000,000

II　資本金等の額の計算に関する明細書

区　　　分		期首現在資本金等の額	当期の増減		差引翌期首現在資本金等の額①－②＋③
			減	増	
		①	②	③	④
資本金又は出資金	32			12,000,000	12,000,000
資　本　準　備　金	33				
差　引　合　計　額	36	0	0	12,000,000	12,000,000

《別表四と別表五（一）との検算》
（算式）

別表四「48」②　＋　別表五（一）「31」①　＝　別表五（一）「31」④　…　検算一致
（△12,000,000）　　（0）　　　　　　（△12,000,000）

◀ 161 ▶

3-7　ストック・オプション、自己株式の交付
（2年目：権利行使日、税制非適格）

A社は役員の役務提供の対価として、新株予約権を次の条件で付与することを決議していました（税制非適格ストック・オプション）。役員は権利行使期間内にオプションを権利行使しました。別表五（一）及び会社処理は次のとおりです。2020年3月期の権利行使時の申告調整はどのようになりますか。

別表五（一）の期首の状況

Ⅰ　利益積立金額の計算に関する明細書

区　　分	期首現在利益積立金額
前　払　費　用	12,000,000
新株予約権債務	△ 12,000,000
新　株　予　約　権	9,000,000
自　己　株　式	△ 12,000,000
資本金等の額 （自己株式取得）	12,000,000

Ⅱ　資本金等の額の計算に関する明細書

区　　分	期首現在資本金等の額
利　益　積　立　金　額 （自己株式取得）	△ 12,000,000

（会社処理）

役員給与（P/L）	※ 3,000,000	新株予約権（B/S）	3,000,000
新株予約権（B/S）	12,000,000	A社株式（B/S）	12,000,000

※　12,000,000 × 3/12（2019.4〜6）＝ 3,000,000

	対象勤務期間		権利行使期間	
6.28	7.1	2019/3　7.1	2020/3　7.1	
▽	▽	▽	▽	▽
株主 総会	付与時	権利 確定日	権利 行使	権利行使 終了

解説

1.　税務処理について

　法人税法上、従業員等からの役務提供の対価は、その対価を支払うべき債務を負うことで損金性が認められますが、税制非適格ストック・オプションに係る損金算入時期は、所得税法上の給与所得その他の勤労性の所得として「給与等課税事由」が発生する時点（権利行使時）において、損金算入が認められることとなっています（法法54の2①）。

　また、給与等課税事由とは、給与所得、事業所得、退職所得及び雑所得とされています（法令111の3①）。本件では、ストック・オプションの権利行使により給与等課税事由等が発生しましたので、損金算入することとなります。

○　資本金等の額の増加額

　会計上、ストック・オプションが権利行使され、新株を発行した場合には、いままで新株予約権として計上した額を払込資本に振り替えることとなっています。また、新株予約権の行使に伴い、自己株式を処分した場合には、自己株式の取得原価と新株予約権の帳簿価額及び権利行使に伴う払込金額の合計額との差額は、自己株式処分差額を計上することとなっています（ストック・オプション等に関する会計基準第8項）。

　法人税法上、新株の発行があった場合、資本金等の額の増加の計算は次のとおりです（法令8①二）。

（算式）（法令8①二）

$$\left(\begin{array}{l}\text{払い込まれた}\\\text{金銭等の額　0}\end{array} + \begin{array}{l}\text{新株予約権の帳簿}\\\text{価額　12,000,000}\end{array}\right) + \text{増加資本金の額　0} = 12,000,000$$

　　※　増加資本金は登記簿上の金額

　したがって、税務処理は次のとおりです。

（税務処理）

新株予約権債務（B/S）	12,000,000	資本金（B/S）	12,000,000
役員給与（P/L）	12,000,000	前払費用（B/S）	12,000,000

2.　修正処理について

　会社処理と税務処理とを比較しますと、処理に差異が生じていますので修正処理する必要があります。

（修正処理）

新株予約権債務（B/S）	12,000,000	前払費用（B/S）	12,000,000
役員給与（P/L）	9,000,000	新株予約権（B/S）	9,000,000
A 社株式（B/S）	12,000,000	資本金（B/S）	12,000,000

分解 ⬇

新株予約権債務（B/S）	12,000,000	前払費用（B/S）	12,000,000
役員給与（P/L）	9,000,000	新株予約権（B/S）	9,000,000
A 社株式（B/S）	12,000,000	利益積立金額（B/S）	12,000,000
利益積立金額（B/S）	12,000,000	資本金（B/S）	12,000,000

① 　別表四は「役員給与認容」として 9,000,000 減算（留保）します。

② 　別表五（一）は翌期以後の貸借対照表（新株予約権債務、新株予約権、前払費用、A 社株式、利益積立金額、資本金等の額）の消去処理のため、「新株予約権債務」として 12,000,000 加算、「前払費用」として 12,000,000 減算、「新株予約権」として 9,000,000 減算、「A 社株式」として 12,000,000 加算します。調整項目として、利益積立金額の計算明細は「資本金等の額」として 12,000,000 減算、資本金等の額の計算明細は「利益積立金額」として 12,000,000 加算します。この調整額は現在の企業会計処理上、解散清算するまで消去できません。

　なお、本件の役員給与は、法人税法第 34 条（役員給与の損金不算入）の規定において、新株予約権に係るものは損金不算入から除かれていますので損金算入となります（法法 34 ① 二イ）。

3.　別表調理について

（会社処理）

役員給与（P/L）3,000,000 ― 新株予約権（B/S）3,000,000
新株予約権（B/S）12,000,000 ― A社株式（B/S）12,000,000

（修正処理）

新株予約権債務（B/S）12,000,000 ― 前払費用（B/S）12,000,000
役員給与（P/L）9,000,000 ― 新株予約権（B/S）9,000,000
A社株式（B/S）12,000,000 ― 利益積立金額（B/S）12,000,000
利益積立金額（B/S）12,000,000 ― 資本金（B/S）12,000,000

別表四　所得の金額の計算に関する明細書

区　　　分		総　　額	処　　　　　分				
			留　保	社	外	流	出
		①	②		③		
当期利益又は当期欠損の額	1	△ 3,000,000	△ 3,000,000	配当			
				その他			
減算 役員給与認容		9,000,000	9,000,000				
所得金額又は欠損金額	48	△ 12,000,000	△ 12,000,000	外 ※			0

別表五（一）　Ⅰ　利益積立金額の計算に関する明細書

区　　　分		期首現在利益積立金額	当期の増減		差引翌期首現在利益積立金額 ① － ② + ③
			減	増	
		①	②	③	④
利 益 準 備 金	1				
前 払 費 用		12,000,000		△ 12,000,000	0
新 株 予 約 権 債 務		△ 12,000,000		12,000,000	0
新 株 予 約 権		9,000,000		△ 9,000,000	0
自 己 株 式（A 社 株 式）		△ 12,000,000		12,000,000	0
資本金等の額（自己株式取得）		12,000,000		△ 12,000,000	0
繰 越 損 益 金（損 は 赤）	26	△ 9,000,000		△ 3,000,000	△ 12,000,000
差 引 合 計 額	31	0		△ 12,000,000	△ 12,000,000

Ⅱ　資本金等の額の計算に関する明細書

区　　　分		期首現在資本金等の額	当期の増減		差引翌期首現在資本金等の額 ① － ② + ③
			減	増	
		①	②	③	④
資 本 金 又 は 出 資 金	32				0
資 本 準 備 金	33				
利益積立金額（自己株式取得）		△ 12,000,000		12,000,000	0
差 引 合 計 額	36	△ 12,000,000	0	12,000,000	0

《別表四と別表五（一）との検算》
（算式）

別表四　　　　　　別表五（一）　　別表五（一）
「48」②　　＋　「31」①　　＝　「31」④　　　… 検算一致
（△12,000,000）　　（0）　　　　　（△12,000,000）

◀ 165 ▶

3-8　特定譲渡制限付株式（交付時）

　A社は 2021 年 3 月期において、役員に対して役務提供の対価（2019.6〜2020.5　月額 100 万円）として特定譲渡制限付株式を次の条件で交付することを決議しました。申告調整はどのようになりますか。

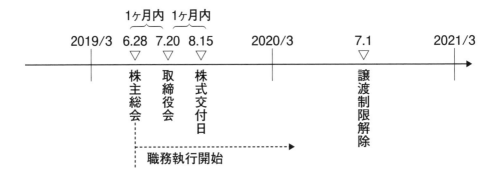

（会社処理）

前払費用（B/S）	12,000,000	報酬債務（B/S）※ 12,000,000
報酬債権（B/S）	12,000,000	資本金（B/S）　　 12,000,000
報酬債務（B/S）	12,000,000	報酬債権（B/S）　　 12,000,000

※　1,000,000 × 12 か月 ＝ 12,000,000

〈発行条件〉
・会社の事業年度：2019.4.1〜2020.3.31
・交付日：2019.8.15
・交付数：240 株
・評価額：50,000 円/株（240 × 50,000 ＝ 12,000,000）
・対象勤務期間：2019.6.29〜2020.6.28（1 年）
・譲渡制限解除日：2020.6.1
・発行済株式総数：760 株（交付数 240 除く）

※　特定譲渡制限付株式による給与の要件は、その役員の職務執行開始当初に、その役員の職務執行期間（将来の役務提供）に係る報酬債権の額（支給額）が確定し、所定の時期までにその役員によるその報酬債権の現物出資と引換えに譲渡制限付株式（特定譲渡制限付株式という）が交付されることが必要となります。（経済産業省産業組織課、「攻めの経営」を促す役員報酬（平成 28.6.3 時点版）P19）

1. 税務処理について

　平成28年度税制改正において、内国法人が個人から役務の提供を受ける場合において、その役務の提供にかかる費用の額につき、その対価として特定譲渡制限付株式が交付された時は、給与等課税額が生じた日（譲渡制限が解除された日）において、その役務の提供を受けたものとして処理することとされました（法法54①、法令111の2、所令84①、所規19の4）。以下、注意すべき点は次のとおりです。

① 対象となる「譲渡制限付株式」とは
・譲渡制限の期間が設けられていること
・発行法人が株式を無償で取得することとなる事由が定められていること
　　無償で取得することとなる事由とは、所定期間の勤務の継続がないこと、勤務実績が良好でないこと、法人の業績があらかじめ定めた基準に達しないこと等です。
② 「特定譲渡制限付株式」とは
・交付の時から譲渡制限期間終了の時まで支配関係にある株式であること
・労働債権の給付（現物出資）と引き換えに給付される株式であること（法法54①、法令111の2①）
③ 給与等課税額が生じないときは費用の損金不算入
　給与等課税額が生じないときとは、個人が非居住者になった場合、内国法人がその個人からその株式を無償で取得（没収）した場合等です。
④ 確定申告書に明細書（1株当たりの交付時の価額、交付数、制限が解除された数等）を添付する義務があります（法法54③）。
⑥ 適用時期
　平成28.4.1以後にその交付に係る決議から適用されます（平成28年改正法附則24）。

　役員に支給する損金算入の対象となる役員賞与は、役員の職務につき所定の時期に、①確定した額の金銭、②確定した数の株式、③新株予約権、④特定譲渡制限付株式、⑤特定新株予約権を交付する旨の定めに基づいて支給する給与は、原則として事前確定届出が必要です。
　この事前確定届出は将来の役務の提供に給与で株主総会決議（職務執行開始日から1か月以内）から1か月以内に交付する旨を定めて交付する事前交付型の特定譲渡制限付株式の交付の場合は不要です（法法34①二イ、法令69③）。本件では、A社と役員との間において、役員が労働の役務提供に係る報酬債権を現物出資する対価に対して譲渡制限付株式を交付するという理論構成となっています。

○　資本金等の額の増加額
　コーポレート・ガバナンス・システムの在り方に関する研究会報告書（コーポレート・

ガバナンスの実践～企業価値向上に向けたインセンティブと改革～）（平成27年7月24日とりまとめ）」別紙3として、示された「法的論点に関する解釈指針」において、実務的に「金銭報酬債権を現物出資する方法」を用いて「いわゆる特定譲渡制限付株式」等を導入するための手続の整理・明確化が行われたことにより、税務も同様に取り扱われています（平成28年改正税法のすべて P341）。

　資本金等の額の増加額は、次のとおりとなります。

（算式）（法令8①一）

払い込まれた金銭等の額　12,000,000　※　－　増加資本金の額　12,000,000　＝　0

　　※　増加資本金は登記簿上の金額

実際に金銭報酬債権を現物出資してはいませんが、現物出資したものと仮定して処理します。現実的ではありませんが今後はこれに基づいて資本金等の額として計算されます。したがって、税務処理は次のとおりです。

（税務処理）

報酬債権（B/S）　12,000,000	資本金（B/S）　12,000,000

2.　修正処理について

　会社処理と税務処理とを比較しますと、処理に差異が生じていますので修正処理する必要があります。

（修正処理）

報酬債権（B/S）　12,000,000	前払費用（B/S）　12,000,000

①　別表四は申告調整不要です。

②　別表五（一）は翌期以後の貸借対照表（報酬債権、前払費用）の消去処理のため、「報酬債権」として12,000,000加算、「前払費用」として12,000,000減算します。

3. 別表調理について

（会社処理）

前払費用 （B/S）12,000,000	**報酬債務** （B/S）12,000,000
報酬債権 （B/S）12,000,000	**資本金** （B/S）12,000,000
報酬債務 （B/S）12,000,000	**報酬債権** （B/S）12,000,000

（修正処理）

報酬債権 （B/S）12,000,000	**前払費用** （B/S）12,000,000

別表五（一）Ⅰ 利益積立金額の計算に関する明細書

区　分		期首現在利益積立金額	当期の増減		差引翌期首現在利益積立金額 ① − ② + ③
			減	増	
		①	②	③	④
利 益 準 備 金	1				
報 酬 債 権				12,000,000	12,000,000
前 払 費 用				△ 12,000,000	△ 12,000,000
繰 越 損 益 金 （損は赤）	26			0	0
差 引 合 計 額	31	0		0	0

Ⅱ 資本金等の額の計算に関する明細書

区　分		期首現在資本金等の額	当期の増減		差引翌期首現在資本金等の額 ① − ② + ③
			減	増	
		①	②	③	④
資 本 金 又 は 出 資 金	32	0		12,000,000	12,000,000
資 本 準 備 金	33				
差 引 合 計 額	36	0	0	12,000,000	12,000,000

《別表四と別表五（一）との検算》
（算式）

別表四　　別表五（一）　　別表五（一）
「48」②　+　「31」①　＝　「31」④　　… 検算一致
　(0)　　　　(0)　　　　　　(0)

3-9　特定譲渡制限付株式（役務の提供時：1 年目）

Q

　A 社は 2021 年 3 月期において、役員に対して役務提供の対価（2019.6〜2020.5　月額 100 万円）として特定譲渡制限付株式を次の条件で交付されていました。A 社と役員との間であらかじめ定めた契約に基づき、2019.6〜2020.3 に係る役員の役員給与として次のとおり計上しました。2020 年 3 月期の申告調整は、どのようになりますか。

（会社処理）

役員給与（P/L）※9,000,000	前払費用（B/S）　9,000,000

※　勤務期間：2019.6〜2020.3
※　役員給与：1,000,000 × 9 か月 ＝ 9,000,000

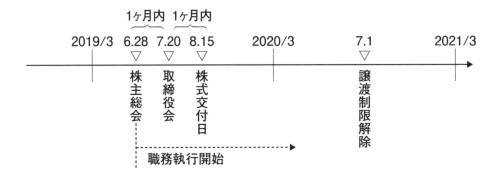

〈発行条件〉

・会社の事業年度：2019.4.1〜2020.3.31
・交付日：2019.8.15
・交付数：240 株
・評価額：50,000 円/株（240 × 50,000 ＝ 12,000,000）
・対象勤務期間：2019.6.29〜2020.6.28（1 年）
・譲渡制限解除日：2020.6.1
・発行済株式総数：760 株（交付数 240 除く）

解説

1.　税務処理について

　内国法人が個人から役務の提供を受ける場合において、その役務の提供に係る費用の額に

つき個人に生ずる債権の給付と引換えに個人に交付される譲渡制限付株式が交付されたときは、個人において役務の提供に係る収入金額（給与等課税額）とすべきことが確定した日において役務の提供を受けたものとして損金算入することとなっています（法法54①）。本件では、役員の役務の提供に係る収入金額（給与等課税額）とすべき日がまだ確定していませんので、損金算入できないこととなります。したがって、税務処理はありません。

（税務処理）

なし

2. 修正処理について

会社処理と税務処理とを比較しますと、処理に差異が生じていますので修正処理する必要があります。

（修正処理）

前払費用（B/S）	9,000,000	役員給与（P/L）	9,000,000

① 別表四は「役員給与否認」として 9,000,000 加算します。
② 別表五（一）は翌期以後の貸借対照表（前払費用）の消去処理のため、「前払費用」として 9,000,000 加算します。

3．別表調理について

（会社処理）
役員給与（P/L）9,000,000　前払費用（B/S）9,000,000

（修正処理）
前払費用（B/S）9,000,000　役員給与（P/L）9,000,000

別表四　所得の金額の計算に関する明細書

区　　　分		総　　額	処		分	
			留　保	社	外　流　出	
		①	②		③	
当期利益又は当期欠損の額	1	△9,000,000	△9,000,000	配当		
				その他		
加算 役員給与否認		9,000,000	9,000,000			
所得金額又は欠損金額	48	0	0	外　※	0	

別表五（一）Ⅰ　利益積立金額の計算に関する明細書

区　　分		期首現在利益積立金額	当期の増減		差引翌期首現在利益積立金額①－②＋③
			減	増	
		①	②	③	④
利　益　準　備　金	1				
報　酬　債　権		12,000,000			12,000,000
前　払　費　用		△12,000,000		9,000,000	△3,000,000
繰越損益金（損は赤）	26			△9,000,000	△9,000,000
差　引　合　計　額	31	0		0	0

Ⅱ　資本金等の額の計算に関する明細書

区　　分		期首現在資本金等の額	当期の増減		差引翌期首現在資本金等の額①－②＋③
			減	増	
		①	②	③	④
資本金又は出資金	32	12,000,000			12,000,000
資　本　準　備　金	33				
差　引　合　計　額	36	12,000,000			12,000,000

《別表四と別表五（一）との検算》
（算式）

別表四　　　別表五（一）　　別表五（一）
「48」②　＋　「31」①　　＝「31」④　…　検算一致
（0）　　　　　（0）　　　　　　（0）

3-10 特定譲渡制限付株式
（役務の提供時：2年目、譲渡制限解除）

　A社は2021年3月期において、役員に対して役務提供の対価（2019.6～2020.5　月額100万円）として特定譲渡制限付株式を次の条件で交付されていました。A社と役員との間であらかじめ定めた契約に基づき、2020.4～6に係る役員の役員給与として次のとおり計上しました。2021年3月期の申告調整は、どのようになりますか。

（会社処理）

役員給与（P/L）※ 3,000,000　　　前払費用（B/S）　3,000,000

※　勤務期間：2020.4～6
※　役員給与：1,000,000 × 3 ＝ 3,000,000

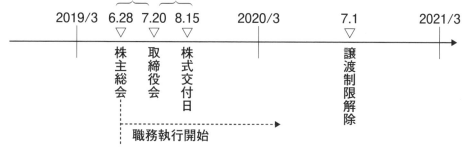

〈発行条件〉
・会社の事業年度：2019.4.1～2020.3.31
・交付日：2019.8.15
・交付数：240株
・評価額：50,000円/株（240 × 50,000 ＝ 12,000,000）
・対象勤務期間：2019.6.29～2020.6.28（1年）
・譲渡制限解除日：2020.6.1
・発行済株式総数：760株（交付数240除く）

1. 税務処理について

　内国法人が個人から役務の提供を受ける場合において、その役務の提供に係る費用の額につき個人に生ずる債権の給付と引換えに個人に交付される譲渡制限付株式が交付されたときは、個人において役務の提供に係る収入金額（給与等課税額）とすべきことが確定した日において役務の提供を受けたものとして損金算入することとなっています（法法54①）。本件では、特定譲渡制限付株式の譲渡制限が解除され、役員の役務の提供に係る収入金額（給与等課税額）とすべき日が確定しましたので、過年度分の報酬債務額を含めて損金算入することとなります。したがって、税務処理は次のとおりです。

（税務処理）

役員給与（P/L）	12,000,000	報酬債権（B/S）	12,000,000

2. 修正処理について

　会社処理と税務処理とを比較しますと、処理に差異が生じていますので修正処理する必要があります。

（修正処理）

役員給与（P/L）	9,000,000	報酬債権（B/S）	12,000,000
前払費用（B/S）	3,000,000		

① 　別表四は「役員給与認容」とし9,000,000減算（留保）します。

② 　別表五（一）は翌期以後の貸借対照表（前払費用、報酬債権）の消去処理のため、「前払費用」として3,000,000加算、「報酬債権」として12,000,000減算します。

3．別表調理について

（会社処理）

役員給与（P/L）3,000,000　前払費用（B/S）3,000,000

（修正処理）

役員給与（P/L）9,000,000　報酬債権（B/S）12,000,000
前払費用（B/S）3,000,000

別表四　所得の金額の計算に関する明細書

区　分		総　額	処　分		
			留保	社　外　流　出	
		①	②	③	
当期利益又は当期欠損の額	1	△ 3,000,000	△ 3,000,000	配　当	
				その他	
減算 役員給与認容		△ 9,000,000	△ 9,000,000		
所得金額又は欠損金額	48	△ 12,000,000	△ 12,000,000	外　※	0

別表五（一）Ⅰ　利益積立金額の計算に関する明細書

区　分		期首現在利益積立金額	当期の増減		差引翌期首現在利益積立金額 ① − ② + ③
			減	増	
		①	②	③	④
利　益　準　備　金	1				
報　酬　債　権		12,000,000		△ 12,000,000	0
前　払　費　用		△ 3,000,000		3,000,000	0
繰越損益金（損は赤）	26	△ 9,000,000		△ 3,000,000	△ 12,000,000
差　引　合　計　額	31	0		△ 12,000,000	△ 12,000,000

Ⅱ　資本金等の額の計算に関する明細書

区　分		期首現在資本金等の額	当期の増減		差引翌期首現在資本金等の額 ① − ② + ③
			減	増	
		①	②	③	④
資本金又は出資金	32	12,000,000			12,000,000
資　本　準　備　金	33				
差　引　合　計　額	36	12,000,000			12,000,000

《別表四と別表五（一）との検算》

（算式）

別表四　　　　　別表五（一）　別表五（一）
「48」②　　＋　「31」①　＝　「31」④　　… 検算一致
（△12,000,000）　（0）　　　（△12,000,000）

3-11 特定譲渡制限付株式（没収による無償取得）

A社は2021年3月期において、役員に対して役務提供の対価（2019.6～2020.5　月額100万円）として特定譲渡制限付株式を次の条件で交付されていました。A社と役員との間においては、あらかじめ定めた契約に基づき役員の役員給与として費用計上していましたが、役員の勤務実績が良好でなかったため特定譲渡制限付株式を無償で没収し、次のとおり処理しました。2021年3月期の申告調整は、どのようになりますか。

（会社処理）

役員給与（P/L）　※3,000,000	前払費用（B/S）　3,000,000

※　勤務期間：2020.4～6
※　役員給与：1,000,000 × 3 ＝ 3,000,000

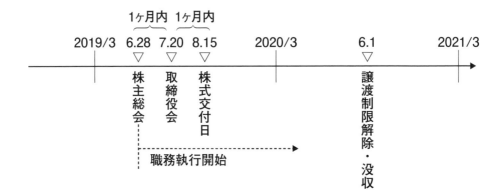

〈発行条件〉
・会社の事業年度：2019.4.1～2020.3.31
・交付日：2019.8.15
・交付数：240株
・評価額：50,000円/株（240×50,000＝12,000,000）
・対象勤務期間：2019.6.29～2020.6.28（1年）
・譲渡制限解除日：2020.6.1
・発行済株式総数：760株（交付数240除く）

解説

1. 税務処理について

　内国法人が個人から役務の提供を受ける場合において、その役務の提供に係る費用の額につき個人に生ずる債権の給付と引換えに個人に交付される譲渡制限付株式が交付されたときは、個人において役務の提供に係る収入金額（給与等課税額）とすべきことが確定した日において役務の提供を受けたものとして損金算入することとなっています（法法54①）。また、役務の提供につき給与等課税額が生じないときは、役務の提供を受けたことによる費用の額は損金不算入となっています（法法54②）。本件では、役員の2年目の勤務実績が良好ではないとして特定譲渡制限付株式を無償で没収しましたので、給与等課税額は生じないこととなり、費用は損金不算入となります。

(1) 自己株式の取得

　A社は役員の勤務実績が良好でなかったため特定譲渡制限付株式を無償で没収したことにより、自己株式を取得したことになります。自己株式の取得に伴う交付金銭等がありませんので、みなし配当が生じないこととなります。

(2) 資本金等の額の減少額

　資本金等の額の減少の計算は次のとおりです。本件では、交付金銭等がない自己株式の取得ですので、0となります。

（算式）（法令8①十八）（法法24①四～六）　一の種類株式を発行

※　取得資本金額（交付金銭等の額が限度（適格現物分配は帳簿価額））

$$\frac{\text{取得直前の資本金等の額　50,000,000}}{\text{取得直前の発行済株式等の総数（自己株式を除く）1,000}} \times \text{自己株式取得の株式数　240} = 12,000,000 \rightarrow 0$$

したがって、税務処理は次のとおりです。

（税務処理）

役員給与（P/L）	12,000,000	報酬債権（B/S）	12,000,000

2. 修正処理について

　会社処理と税務処理とを比較しますと、処理に差異が生じていますので修正処理する必要があります。

（修正処理）

役員給与（P/L）	9,000,000	報酬債権（B/S）	12,000,000
前払費用（B/S）	3,000,000		

⑴　第一ステップ（会計処理との差異）の処理

① 別表四は「役員給与認容」として9,000,000減算（留保）します。

② 別表五（一）は翌期以後の貸借対照表（前払費用、報酬債権）の消去処理のため、「前払費用」として3,000,000加算、「報酬債権」として12,000,000減算します。

⑵　第二ステップ（別段の定め）の処理

役員の役務の提供につき給与等課税額が生じませんので、役務の提供を受けたことによる費用の額は損金不算入となります。別表四は「役員給与否認」として12,000,000加算（流出）します。

3. 別表調理について

（会社処理）

役員給与（P/L）3,000,000　前払費用（B/S）3,000,000

（修正処理）

役員給与（P/L）9,000,000　報酬債権（B/S）12,000,000
前払費用（B/S）3,000,000

別表四　所得の金額の計算に関する明細書

区　　分		総　　額	処　　　　　　　分				
			留保	社	外	流　　出	
		①	②		③		
当期利益又は当期欠損の額	1	△3,000,000	△3,000,000	配　　当			
				その他			
加算	役員給与否認	12,000,000		その他		12,000,000	
減算	役員給与認容	9,000,000	9,000,000				
所得金額又は欠損金額	48	0	△12,000,000	外　※		12,000,000	

別表五（一）Ⅰ　利益積立金額の計算に関する明細書

区　　分		期首現在利益積立金額	当期の増減		差引翌期首現在利益積立金額 ① − ② + ③
			減	増	
		①	②	③	④
利　益　準　備　金	1				
報　酬　債　権		12,000,000		△12,000,000	0
前　払　費　用		△3,000,000		3,000,000	0
繰越損益金（損は赤）	26	△9,000,000		△3,000,000	△12,000,000
差　引　合　計　額	31	0		△12,000,000	△12,000,000

Ⅱ　資本金等の額の計算に関する明細書

区　　分		期首現在資本金等の額	当期の増減		差引翌期首現在資本金等の額 ① − ② + ③
			減	増	
		①	②	③	④
資本金又は出資金	32	12,000,000			12,000,000
資　本　準　備　金	33				
差　引　合　計　額	36	12,000,000	0		12,000,000

《別表四と別表五（一）との検算》
（算式）

別表四　　　　　別表五（一）　別表五（一）
「48」②　　＋　「31」①　　＝　「31」④　　… 検算一致
（△12,000,000）　（0）　　　（△12,000,000）

3-12　自己株式の交付（新株予約権の行使）

発行法人A社は、次の条件で新株予約権を発行していました。この度、その一部の権利行使が行われ、株主B社に新株発行に代えて、自己株式（A株）を交付しました。別表五（一）及び会社処理は次のとおりです。A社の税務処理は、どのようになりますか（新株予約権の否認及び新株発行費用は考慮しない。）。

別表五（一）の期首の状況

I　利益積立金額の計算に関する明細書

区　分	期首現在利益積立金額
自　己　株　式	△ 500,000
資本金等の額（自己株式取得）	500,000
繰　越　損　益　金	0
差　引　合　計　額	0

II　資本金等の額の計算に関する明細書

区　分	期首現在資本金等の額
資本金又は出資金	1,250,000
資　本　準　備　金	1,250,000
利益積立金額（自己株式取得）	△ 500,000
差　引　合　計　額	2,000,000

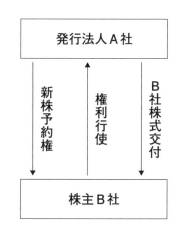

（新株予約権の発行）
・株主割当て（発行済株式数50株）
・新株予約権の付与日：平成××年3月31日
・株式1株につき新株予約権：1個
・発行する新株予約権の総数：5個
・新株予約権の発行価額：100,000円/個
　（権利付与時の時価は、105,000円。有利発行に該当しない。）
・発行する新株予約権の目的となる普通株式：50株（新株予約権1個につき10株）
・各新株予約権の権利行使価額：50,000円/個（行使時の時価70,000円/個）
・自己株式の帳簿価額：11,000円/株（市場購入）
・新株予約権の行使期間：平成××年4月1日～平成××年12月31日
・権利行使期間中に権利行使した新株予約権（自己株式交付）：4個

・権利行使期間中に権利行使されなかった新株予約権：1個

（会社処理）

| 現金（B/S） | 200,000（※1） | A社株式（B/S） | 440,000（※3） |
| 新株予約権（B/S） | 400,000（※2） | 自己株式処分差益（B/S）
（その他資本剰余金） | 160,000 |

※1　権利行使価格：50,000円/個 × 権利行使数4個 ＝ 200,000円
※2　自己株式の帳簿価額：11,000円/株 × 4個 × 10株 ＝ 440,000円
※3　新株予約権の帳簿価額：100,000円/個 × 権利行使数4個 ＝ 400,000円

解説

1. 税務処理について

権利行使をした場合、発行法人A社は①新株発行か、②自己株式を交付することとなります。

○　資本金等の額の増加額

自己株式を交付した場合は、次の算式により資本金等の額を増加することとなり、計算は次のとおりです。

（算式）（法令8①二）

$$\left(\begin{array}{l}\text{払い込まれた金銭} \\ \text{等の額　200,000}\end{array} + \begin{array}{l}\text{新株予約権の帳簿} \\ \text{価額　400,000}\end{array}\right) - \text{増加資本金の額　0} = 600,000$$

※　増加資本金は登記簿上の金額

したがって、B社の税務処理は次のとおりです。

（税務処理）

| 現金（B/S） | 200,000 | 資本金等の額（B/S）600,000（※） | ←
法令8①二 |
| 新株予約権（B/S） | 400,000 | | |

※　権利行使価格200,000円 ＋ 新株予約権の帳簿価格100,000円/個
　　× 権利行使数4個 ＝ 600,000円

2. 修正処理について

会社処理と税務処理とを比較しますと、処理に差異が生じていますので修正処理する必要

があります。

（修正処理）

| A社株式（B/S） | 440,000 | 資本金等の額（B/S） | 440,000 |

分解

（修正処理）

| A社株式（B/S） | 440,000 | 利益積立金額（B/S） | 440,000 |
| 利益積立金額（B/S） | 440,000 | 資本金等の額（B/S） | 440,000 |

① 　別表四は申告調整不要です。

② 　別表五（一）は貸借対照表（自己株式、利益積立金額、資本金等の額）の消去処理のため、「A社株式」として 440,000 加算します。調整項目として、利益積立金額の計算明細は「資本金等の額」として 440,000 減算、資本金等の額の計算明細は「利益積立金額」として 440,000 加算します。調整額である「利益積立金額」の 440,000 減算、「資本金等の額」の 440,000 加算は、現在の企業会計処理上、解散清算するまで消去できません。

3. 別表調理について

（会社処理）

現金（B/S）	200,000	A社株式（B/S）	440,000
新株予約権（B/S）	400,000	自己株式処分差益（B/S）	160,000

（修正処理）

A社株式（B/S）	440,000	利益積立金額（B/S）	440,000
利益積立金額（B/S）	440,000	資本金等の額（B/S）	440,000

別表五（一）　Ⅰ　利益積立金額の計算に関する明細書

区　　分		期首現在利益積立金額	当期の増減		差引翌期首現在利益積立金額 ① － ② ＋ ③
			減	増	
		①	②	③	④
利 益 準 備 金	1				0
自己株式（A社株式）		△ 500,000	△ 440,000		△ 60,000
資 本 金 等 の 額（自 己 株 式 取 得）		500,000	440,000		60,000
繰越損益金（損は赤）	26	0			0
差 引 合 計 額	31	0	0		0

Ⅱ　資本金等の額の計算に関する明細書

区　　分		期首現在資本金等の額	当期の増減		差引翌期首現在資本金等の額 ① － ② ＋ ③
			減	増	
		①	②	③	④
資 本 金 又 は 出 資 金	32	1,250,000			1,250,000
資 本 準 備 金	33	1,250,000		160,000	1,410,000
利 益 積 立 金 額（自 己 株 式 取 得）		△ 500,000	△ 440,000		△ 60,000
差 引 合 計 額	36	2,000,000	△ 440,000	160,000	2,600,000

《別表四と別表五（一）との検算》
（算式）

別表四　　　　別表五（一）　　別表五（一）
「48」②　＋　「31」①　　＝　「31」④　　… 検算一致
（0）　　　　　（0）　　　　　（0）

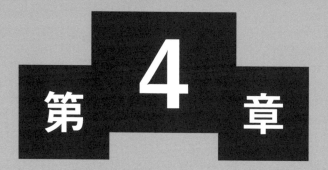

参考法令

法人税法 （抄）

（定義）

第2条 この法律において、次の各号に掲げる用語の意義は、当該各号に定めるところによる。

　二十一　有価証券　金融商品取引法（昭和23年法律第25号）第2条第1項（定義）に規定する有価証券その他これに準ずるもので政令で定めるもの（自己が有する自己の株式又は出資及び第61条の5第1項（デリバティブ取引に係る利益相当額又は損失相当額の益金又は損金算入等）に規定するデリバティブ取引に係るものを除く。）をいう。

第22条

2　内国法人の各事業年度の所得の金額の計算上当該事業年度の益金の額に算入すべき金額は、別段の定めがあるものを除き、資産の販売、有償又は無償による資産の譲渡又は役務の提供、無償による資産の譲受けその他の取引で資本等取引以外のものに係る当該事業年度の収益の額とする。

3　内国法人の各事業年度の所得の金額の計算上当該事業年度の損金の額に算入すべき金額は、別段の定めがあるものを除き、次に掲げる額とする。

　一　当該事業年度の収益に係る売上原価、完成工事原価その他これらに準ずる原価の額

　二　前号に掲げるもののほか、当該事業年度の販売費、一般管理費その他の費用（償却費以外の費用で当該事業年度終了の日までに債務の確定しないものを除く。）の額

　三　当該事業年度の損失の額で資本等取引以外の取引に係るもの

（還付金等の益金不算入）

第26条 内国法人が次に掲げるものの還付を受け、又はその還付を受けるべき金額を未納の国税若しくは地方税に充当される場合には、その還付を受け又は充当される金額は、その内国法人の各事業年度の所得の金額の計算上、益金の額に算入しない。

　一　第38条第1項又は第2項（法人税額等の損金不算入）の規定により各事業年度の所得の金額の計算上損金の額に算入されないもの

　二　第55条第3項（不正行為等に係る費用等の損金不算入）の規定により各事業年度の所得の金額の計算上損金の額に算入されないもの

　三　第78条（所得税額等の還付）、第81条の29（所得税額等の還付）又は第133条（更正等による所得税額等の還付）の規定による還付金

　四　第80条（欠損金の繰戻しによる還付）若しくは第81条の31（連結欠損金の繰戻しによる還付）又は地方法人税法（平成26年法律第11号）第23条（欠損金の繰戻しによる法人税の還付があった場合の還付）の規定による還付金

（減価償却資産の償却費の計算及びその償却の方法）

第31条 内国法人の各事業年度終了の時において有する減価償却資産につきその償却費として第22条第3項（各事業年度の損金の額に算入する金額）の規定により当該事業年度の所得の金額の計算上損金の額に算入する金額は、その内国法人が当該事業年度においてその償却費として損金経理をした金額（以下この条において「損金経理額」という。）のうち、その取得をした日及びその種類の区分に応じ、償却費が毎年同一となる償却の方法、償却費が毎年一定の割合で逓減する償却の方法その他の政令で定める償却の方法の中からその内国法人が当該資産について選定した償却の方法（償却の方法を選定しなかった場合には、償却の方法のうち政令で定める方法）に基づき政令で定めるところにより計算した金額（次項において「償却限度額」という。）に達するまでの金額とする。

2　内国法人が、適格分割、適格現物出資又は適格現物分配（適格現物分配にあっては、残余財産の全部の分配を除く。以下第4項までにおいて「適格分割等」という。）により分割承継法人、被現物出資法人又は被現物分配法人に減価償却資産を移転する場合において、当該減価償却資産について損金経理額に相当する金額を費用の額としたときは、当該費用の額とした金額（次項及び第4項において「期中損金経理額」という。）のうち、当該

減価償却資産につき当該適格分割等の日の前日を事業年度終了の日とした場合に前項の規定により計算される償却限度額に相当する金額に達するまでの金額は、当該適格分割等の日の属する事業年度（第4項において「分割等事業年度」という。）の所得の金額の計算上、損金の額に算入する。

3　前項の規定は、同項の内国法人が適格分割等の日以後2月以内に期中損金経理額その他の財務省令で定める事項を記載した書類を納税地の所轄税務署長に提出した場合に限り、適用する。

4　損金経理額には、第1項の減価償却資産につき同項の内国法人が償却費として損金経理をした事業年度（以下この項において「償却事業年度」という。）前の各事業年度における当該減価償却資産に係る損金経理額（当該減価償却資産が適格合併又は適格現物分配（残余財産の全部の分配に限る。）により被合併法人又は現物分配法人（以下この項において「被合併法人等」という。）から移転を受けたものである場合にあっては当該被合併法人等の当該適格合併の日の前日又は当該残余財産の確定の日の属する事業年度以前の各事業年度の損金経理額のうち当該各事業年度の所得の金額の計算上損金の額に算入されなかった金額を、当該減価償却資産が適格分割等により分割法人、現物出資法人又は現物分配法人（以下この項において「分割法人等」という。）から移転を受けたものである場合にあっては当該分割法人等の分割等事業年度の期中損金経理額として帳簿に記載した金額及び分割等事業年度前の各事業年度の損金経理額のうち分割等事業年度以前の各事業年度の所得の金額の計算上損金の額に算入されなかった金額を含む。以下この項において同じ。）のうち当該償却事業年度前の各事業年度の所得の金額の計算上損金の額に算入されなかった金額を含むものとし、期中損金経理額には、第2項の内国法人の分割等事業年度前の各事業年度における同項の減価償却資産に係る損金経理額のうち当該各事業年度の所得の金額の計算上損金の額に算入されなかった金額を含むものとする。

5　前項の場合において、内国法人の有する減価償却資産（適格合併により被合併法人から移転を受けた減価償却資産、第61条の11第1項（連結納税の開始に伴う資産の時価評価損益）の規定の適用を受けた同項に規定する時価評価資産に該当する減価償却資産その他の政令で定める減価償却資産に限る。）につきその価額として帳簿に記載されていた金額として政令で定める金額が当該移転の直前に当該被合併法人の帳簿に記載されていた金額、同条第1項の規定の適用を受けた直後の帳簿価額その他の政令で定める金額に満たない場合には、当該満たない部分の金額は、政令で定める事業年度前の各事業年度の損金経理額とみなす。

6　第1項の選定をすることができる償却の方法の特例、償却の方法の選定の手続、償却費の計算の基礎となる減価償却資産の取得価額、減価償却資産について支出する金額のうち使用可能期間を延長させる部分等に対応する金額を減価償却資産の取得価額とする特例その他減価償却資産の償却に関し必要な事項は、政令で定める。

（資産の評価損の損金不算入等）

第33条　内国法人がその有する資産の評価換えをしてその帳簿価額を減額した場合には、その減額した部分の金額は、その内国法人の各事業年度の所得の金額の計算上、損金の額に算入しない。

2　内国法人の有する資産につき、災害による著しい損傷により当該資産の価額がその帳簿価額を下回ることとなったことその他の政令で定める事実が生じた場合において、その内国法人が当該資産の評価換えをして損金経理によりその帳簿価額を減額したときは、その減額した部分の金額のうち、その評価換えの直前の当該資産の帳簿価額とその評価換えをした日の属する事業年度終了の時における当該資産の価額との差額に達するまでの金額は、前項の規定にかかわらず、その評価換えをした日の属する事業年度の所得の金額の計算上、損金の額に算入する。

（役員給与の損金不算入）

第34条　内国法人がその役員に対して支給する給与（退職給与で業績連動給与に該当しないもの、使用人としての職務を有する役員に対して支給する当該職務に対するもの及び第3項の規定の適用があるものを除く。以下こ

の項において同じ。）のうち次に掲げる給与のいずれにも該当しないものの額は、その内国法人の各事業年度の所得の金額の計算上、損金の額に算入しない。

一　その支給時期が１月以下の一定の期間ごとである給与（次号イにおいて「定期給与」という。）で当該事業年度の各支給時期における支給額が同額であるものその他これに準ずるものとして政令で定める給与（同号において「定期同額給与」という。）

二　その役員の職務につき所定の時期に、確定した額の金銭又は確定した数の株式（出資を含む。以下この項及び第５項において同じ。）若しくは新株予約権若しくは確定した額の金銭債権に係る第54条第１項（譲渡制限付株式を対価とする費用の帰属事業年度の特例）に規定する特定譲渡制限付株式若しくは第54条の２第１項（新株予約権を対価とする費用の帰属事業年度の特例等）に規定する特定新株予約権を交付する旨の定めに基づいて支給する給与で、定期同額給与及び業績連動給与のいずれにも該当しないもの（当該株式若しくは当該特定譲渡制限付株式に係る第54条第１項に規定する承継譲渡制限付株式又は当該新株予約権若しくは当該特定新株予約権に係る第54条の２第１項に規定する承継新株予約権による給与を含むものとし、次に掲げる場合に該当する場合にはそれぞれ次に定める要件を満たすものに限る。）

イ　その給与が定期給与を支給しない役員に対して支給する給与（同族会社に該当しない内国法人が支給する給与で金銭によるものに限る。）以外の給与（株式又は新株予約権による給与で、将来の役務の提供に係るものとして政令で定めるものを除く。）である場合　政令で定めるところにより納税地の所轄税務署長にその定めの内容に関する届出をしていること。

ロ　株式を交付する場合　当該株式が市場価格のある株式又は市場価格のある株式と交換される株式（当該内国法人又は関係法人が発行したものに限る。次号において「適格株式」という。）であること。

ハ　新株予約権を交付する場合　当該新株予約権がその行使により市場価格のある株式が交付される新株予約権（当該内国法人又は関係法人が発行したものに限る。次号において「適格新株予約権」という。）であること。

三　内国法人（同族会社にあっては、同族会社以外の法人との間に当該法人による完全支配関係があるものに限る。）がその業務執行役員（業務を執行する役員として政令で定めるものをいう。以下この号において同じ。）に対して支給する業績連動給与（金銭以外の資産が交付されるものにあっては、適格株式又は適格新株予約権が交付されるものに限る。）で、次に掲げる要件を満たすもの（他の業務執行役員の全てに対して次に掲げる要件を満たす業績連動給与を支給する場合に限る。）

イ　交付される金銭の額若しくは株式若しくは新株予約権の数又は交付される新株予約権の数のうち無償で取得され、若しくは消滅する数の算定方法が、その給与に係る職務を執行する期間の開始の日（イにおいて「職務執行期間開始日」という。）以後に終了する事業年度の利益の状況を示す指標（利益の額、利益の額に有価証券報告書（金融商品取引法第24条第１項（有価証券報告書の提出）に規定する有価証券報告書をいう。イにおいて同じ。）に記載されるべき事項による調整を加えた指標その他の利益に関する指標として政令で定めるもので、有価証券報告書に記載されるものに限る。イにおいて同じ。）、職務執行期間開始日の属する事業年度開始の日以後の所定の期間若しくは職務執行期間開始日以後の所定の日における株式の市場価格の状況を示す指標（当該内国法人又は当該内国法人との間に完全支配関係がある法人の株式の市場価格又はその平均値その他の株式の市場価格に関する指標として政令で定めるものに限る。イにおいて同じ。）又は職務執行期間開始日以後に終了する事業年度の売上高の状況を示す指標（売上高、売上高に有価証券報告書に記載されるべき事項による調整を加えた指標その他の売上高に関する指標として政令で定めるもののうち、利益の状況を示す指標又は株式の市場価格の状況を示す指標と

同時に用いられるもので、有価証券報告書に記載されるものに限る。）を基礎とした客観的なもの（次に掲げる要件を満たすものに限る。）であること。
- (1)　金銭による給与にあっては確定した額を、株式又は新株予約権による給与にあっては確定した数を、それぞれ限度としているものであり、かつ、他の業務執行役員に対して支給する業績連動給与に係る算定方法と同様のものであること。
- (2)　政令で定める日までに、会社法第404条第3項（指名委員会等の権限等）の報酬委員会（その委員の過半数が当該内国法人の同法第2条第15号（定義）に規定する社外取締役のうち職務の独立性が確保された者として政令で定める者（(2)において「独立社外取締役」という。）であるものに限るものとし、当該内国法人の業務執行役員と政令で定める特殊の関係のある者がその委員であるものを除く。）が決定（当該報酬委員会の委員である独立社外取締役の全員が当該決定に係る当該報酬委員会の決議に賛成している場合における当該決定に限る。）をしていることその他の政令で定める適正な手続を経ていること。
- (3)　その内容が、(2)の政令で定める適正な手続の終了の日以後遅滞なく、有価証券報告書に記載されていることその他財務省令で定める方法により開示されていること。
- ロ　その他政令で定める要件

（法人税額等の損金不算入）

第38条　内国法人が納付する法人税（延滞税、過少申告加算税、無申告加算税及び重加算税を除く。以下この項において同じ。）の額及び地方法人税（延滞税、過少申告加算税、無申告加算税及び重加算税を除く。以下この項において同じ。）の額は、第1号から第3号までに掲げる法人税の額及び第4号から第6号までに掲げる地方法人税の額を除き、その内国法人の各事業年度の所得の金額の計算上、損金の額に算入しない。
- 一　退職年金等積立金に対する法人税

- 二　国税通則法第35条第2項（申告納税方式による国税等の納付）の規定により納付すべき金額のうち同法第19条第4項第3号ハ（修正申告）又は第28条第2項第3号ハ（更正又は決定の手続）に掲げる金額に相当する法人税
- 三　第75条第7項（確定申告書の提出期限の延長）（第75条の2第8項若しくは第10項（確定申告書の提出期限の延長の特例）、第81条の23第2項（連結確定申告書の提出期限の延長）又は第81条の24第3項若しくは第6項（連結確定申告書の提出期限の延長の特例）において準用する場合を含む。）の規定による利子税
- 四　第1号に掲げる法人税に係る地方法人税
- 五　国税通則法第35条第2項の規定により納付すべき金額のうち同法第19条第4項第3号ハ又は第28条第2項第3号ハに掲げる金額に相当する地方法人税
- 六　地方法人税法第19条第5項（確定申告）において準用する第75条第7項（第75条の2第8項若しくは第10項、第81条の23第2項又は第81条の24第3項若しくは第6項において準用する場合を含む。）の規定による利子税
2　内国法人が納付する次に掲げるものの額は、その内国法人の各事業年度の所得の金額の計算上、損金の額に算入しない。
- 一　相続税法（昭和25年法律第73号）第9条の4（受益者等が存しない信託等の特例）、第66条（人格のない社団又は財団等に対する課税）又は第66条の2（特定の一般社団法人等に対する課税）の規定による贈与税及び相続税
- 二　地方税法の規定による道府県民税及び市町村民税（都民税を含むものとし、退職年金等積立金に対する法人税に係るものを除く。）

（法人税額から控除する所得税額の損金不算入）

第40条　内国法人が第68条第1項（所得税額の控除）に規定する所得税の額につき同項又は第78条第1項（所得税額等の還付）若しくは第133条第1項（更正等による所得税額等の還付）の規定の適用を受ける場合には、これらの規定による控除又は還付をされる金額に相当する金額は、その内国法人の各事業年

度の所得の金額の計算上、損金の額に算入しない。

（譲渡制限付株式を対価とする費用の帰属事業年度の特例）

第54条　内国法人が個人から役務の提供を受ける場合において、当該役務の提供に係る費用の額につき譲渡制限付株式（譲渡についての制限その他の条件が付されている株式（出資を含む。）として政令で定めるものをいう。以下この項において同じ。）であって当該役務の提供の対価として当該個人に生ずる債権の給付と引換えに当該個人に交付されるものその他当該個人に給付されることに伴って当該債権が消滅する場合の当該譲渡制限付株式（以下この項及び第3項において「特定譲渡制限付株式」という。）が交付されたとき（合併又は分割型分割に際し当該合併又は分割型分割に係る被合併法人又は分割法人の当該特定譲渡制限付株式を有する者に対し交付される当該合併又は分割型分割に係る合併法人又は分割承継法人の譲渡制限付株式その他の政令で定める譲渡制限付株式（第3項において「承継譲渡制限付株式」という。）が交付されたときを含む。）は、当該個人において当該役務の提供につき所得税法その他所得税に関する法令の規定により当該個人の同法に規定する給与所得その他の政令で定める所得の金額に係る収入金額とすべき金額又は総収入金額に算入すべき金額（次項及び第3項において「給与等課税額」という。）が生ずることが確定した日において当該役務の提供を受けたものとして、この法律の規定を適用する。

2　前項に規定する場合において、同項の個人において同項の役務の提供につき給与等課税額が生じないときは、当該役務の提供を受ける内国法人の当該役務の提供を受けたことによる費用の額又は当該役務の全部若しくは一部の提供を受けられなかったことによる損失の額は、当該内国法人の各事業年度の所得の金額の計算上、損金の額に算入しない。

3　第1項の個人から役務の提供を受ける内国法人は、特定譲渡制限付株式の一株当たりの交付の時の価額、交付数、その事業年度において給与等課税額が生ずること又は生じないことが確定した数その他当該特定譲渡制限付

株式又は承継譲渡制限付株式の状況に関する明細書を当該事業年度の確定申告書に添付しなければならない。

4　前項に定めるもののほか、第1項又は第2項の規定の適用に関し必要な事項は、政令で定める。

（新株予約権を対価とする費用の帰属事業年度の特例等）

第54条の2　内国法人が個人から役務の提供を受ける場合において、当該役務の提供に係る費用の額につき譲渡制限付新株予約権（譲渡についての制限その他の条件が付されている新株予約権として政令で定めるものをいう。以下この項において同じ。）であって次に掲げる要件に該当するもの（以下この条において「特定新株予約権」という。）が交付されたとき（合併、分割、株式交換又は株式移転（以下この項において「合併等」という。）に際し当該合併等に係る被合併法人、分割法人、株式交換完全子法人又は株式移転完全子法人の当該特定新株予約権を有する者に対し交付される当該合併等に係る合併法人、分割承継法人、株式交換完全親法人又は株式移転完全親法人の譲渡制限付新株予約権（第3項及び第4項において「承継新株予約権」という。）が交付されたときを含む。）は、当該個人において当該役務の提供につき所得税法その他所得税に関する法令の規定により当該個人の同法に規定する給与所得その他の政令で定める所得の金額に係る収入金額とすべき金額又は総収入金額に算入すべき金額を生ずべき事由（次項において「給与等課税事由」という。）が生じた日において当該役務の提供を受けたものとして、この法律の規定を適用する。

一　当該譲渡制限付新株予約権と引換えにする払込みに代えて当該役務の提供の対価として当該個人に生ずる債権をもって相殺されること。

二　前号に掲げるもののほか、当該譲渡制限付新株予約権が実質的に当該役務の提供の対価と認められるものであること。

2　前項に規定する場合において、同項の個人において同項の役務の提供につき給与等課税事由が生じないときは、当該役務の提供を受ける内国法人の当該役務の提供を受けたこと

による費用の額又は当該役務の全部若しくは一部の提供を受けられなかったことによる損失の額は、当該内国法人の各事業年度の所得の金額の計算上、損金の額に算入しない。

3　前項に規定する場合において、特定新株予約権（承継新株予約権を含む。）が消滅をしたときは、当該消滅による利益の額は、これらの新株予約権を発行した法人の各事業年度の所得の金額の計算上、益金の額に算入しない。

4　第 1 項の個人から役務の提供を受ける内国法人は、特定新株予約権の 1 個当たりの交付の時の価額、交付数、その事業年度において行使された数その他当該特定新株予約権又は承継新株予約権の状況に関する明細書を当該事業年度の確定申告書に添付しなければならない。

5　内国法人が新株予約権（投資信託及び投資法人に関する法律第 2 条第 17 項（定義）に規定する新投資口予約権を含む。以下この項において同じ。）を発行する場合において、その新株予約権と引換えに払い込まれる金銭の額（金銭の払込みに代えて給付される金銭以外の資産の価額及び相殺される債権の額を含む。以下この項において同じ。）がその新株予約権のその発行の時の価額に満たないとき（その新株予約権を無償で発行したときを含む。）、又はその新株予約権と引換えに払い込まれる金銭の額がその新株予約権のその発行の時の価額を超えるときは、その満たない部分の金額（その新株予約権を無償で発行した場合には、その発行の時の価額）又はその超える部分の金額に相当する金額は、その内国法人の各事業年度の所得の金額の計算上、損金の額又は益金の額に算入しない。

第 55 条　内国法人が、その所得の金額若しくは欠損金額又は法人税の額の計算の基礎となるべき事実の全部又は一部を隠蔽し、又は仮装すること（以下この項及び次項において「隠蔽仮装行為」という。）によりその法人税の負担を減少させ、又は減少させようとする場合には、当該隠蔽仮装行為に要する費用の額又は当該隠蔽仮装行為により生ずる損失の額は、その内国法人の各事業年度の所得の金額の計算上、損金の額に算入しない。

2　前項の規定は、内国法人が隠蔽仮装行為により

その納付すべき法人税以外の租税の負担を減少させ、又は減少させようとする場合について準用する。

3　内国法人が納付する次に掲げるものの額は、その内国法人の各事業年度の所得の金額の計算上、損金の額に算入しない。

一　国税に係る延滞税、過少申告加算税、無申告加算税、不納付加算税及び重加算税並びに印紙税法（昭和 42 年法律第 23 号）の規定による過怠税

二　地方税法の規定による延滞金（同法第 65 条（法人の道府県民税に係る納期限の延長の場合の延滞金）、第 72 条の 45 の 2（法人の事業税に係る納期限の延長の場合の延滞金）又は第 327 条（法人の市町村民税に係る納期限の延長の場合の延滞金）の規定により徴収されるものを除く。）、過少申告加算金、不申告加算金及び重加算金

三　前 2 号に掲げるものに準ずるものとして政令で定めるもの

4　内国法人が納付する次に掲げるものの額は、その内国法人の各事業年度の所得の金額の計算上、損金の額に算入しない。

一　罰金及び科料（通告処分による罰金又は科料に相当するもの及び外国又はその地方公共団体が課する罰金又は科料に相当するものを含む。）並びに過料

二　国民生活安定緊急措置法（昭和 48 年法律第 121 号）の規定による課徴金及び延滞金

三　私的独占の禁止及び公正取引の確保に関する法律（昭和 22 年法律第 54 号）の規定による課徴金及び延滞金（外国若しくはその地方公共団体又は国際機関が納付を命ずるこれらに類するものを含む。）

四　金融商品取引法第 6 章の 2（課徴金）の規定による課徴金及び延滞金

五　公認会計士法（昭和 23 年法律第 103 号）の規定による課徴金及び延滞金

六　不当景品類及び不当表示防止法（昭和 37 年法律第 134 号）の規定による課徴金及び延滞金

5　内国法人が供与をする刑法（明治 40 年法律第 45 号）第 198 条（贈賄）に規定する賄賂又は不正競争防止法（平成 5 年法律第 47 号）第 18 条第 1 項（外国公務員等に対する不正の利益の供与等の禁止）に規定する金銭その他の利益に当たるべき金銭の額及び金銭以外の資

産の価額並びに経済的な利益の額の合計額に相当する費用又は損失の額（その供与に要する費用の額又はその供与により生ずる損失の額を含む。）は、その内国法人の各事業年度の所得の金額の計算上、損金の額に算入しない。

（青色申告書を提出した事業年度の欠損金の繰越し）

第57条　内国法人の各事業年度開始の日前10年以内に開始した事業年度において生じた欠損金額（この項の規定により当該各事業年度前の事業年度の所得の金額の計算上損金の額に算入されたもの及び第80条（欠損金の繰戻しによる還付）の規定により還付を受けるべき金額の計算の基礎となったものを除く。）がある場合には、当該欠損金額に相当する金額は、当該各事業年度の所得の金額の計算上、損金の額に算入する。ただし、当該欠損金額に相当する金額が当該欠損金額につき本文の規定を適用せず、かつ、第59条第2項（会社更生等による債務免除等があった場合の欠損金の損金算入）（同項第3号に掲げる場合に該当する場合を除く。）、同条第3項及び第62条の5第5項（現物分配による資産の譲渡）の規定を適用しないものとして計算した場合における当該各事業年度の所得の金額の100分の50に相当する金額（当該欠損金額の生じた事業年度前の事業年度において生じた欠損金額に相当する金額で本文又は第58条第1項（青色申告書を提出しなかった事業年度の災害による損失金の繰越し）の規定により当該各事業年度の所得の金額の計算上損金の額に算入されるものがある場合には、当該損金の額に算入される金額を控除した金額）を超える場合は、その超える部分の金額については、この限りでない。

11　次の各号に掲げる内国法人の当該各号に定める各事業年度の所得に係る第1項ただし書の規定の適用については、同項ただし書中「所得の金額の100分の50に相当する金額」とあるのは、「所得の金額」とする。

一　第1項の各事業年度終了の時において次に掲げる法人（次号及び第3号において「中小法人等」という。）に該当する内国法人　当該各事業年度

イ　普通法人（投資法人、特定目的会社及

び第4条の7（受託法人等に関するこの法律の適用）に規定する受託法人を除く。第3号及び第58条第6項第3号において同じ。）のうち、資本金の額若しくは出資金の額が1億円以下であるもの（第66条第6項第2号又は第3号（各事業年度の所得に対する法人税の税率）に掲げる法人に該当するものを除く。）又は資本若しくは出資を有しないもの（保険業法に規定する相互会社を除く。）

ロ　公益法人等又は協同組合等

ハ　人格のない社団等

二　第1項の各事業年度が内国法人について生じた次に掲げる事実の区分に応じそれぞれ次に定める事業年度である場合における当該内国法人（当該各事業年度終了の時において中小法人等に該当するものを除く。）　当該各事業年度（当該事実が生じた日以後に当該内国法人の発行する株式が金融商品取引法第2条第16項（定義）に規定する金融商品取引所に上場されたことその他の当該内国法人の事業の再生が図られたと認められる事由として政令で定める事由のいずれかが生じた場合には、その上場された日その他の当該事由が生じた日として政令で定める日のうち最も早い日以後に終了する事業年度を除く。）

イ　更生手続開始の決定があったこと　当該更生手続開始の決定の日から当該更生手続開始の決定に係る更生計画認可の決定の日以後7年を経過する日までの期間（同日前において当該更生手続開始の決定を取り消す決定の確定その他の政令で定める事実が生じた場合には、当該更生手続開始の決定の日から当該事実が生じた日までの期間）内の日の属する事業年度

ロ　再生手続開始の決定があったこと　当該再生手続開始の決定の日から当該再生手続開始の決定に係る再生計画認可の決定の日以後七年を経過する日までの期間（同日前において当該再生手続開始の決定を取り消す決定の確定その他の政令で定める事実が生じた場合には、当該再生手続開始の決定の日から当該事実が生じた日までの期間）内の日の属する事業年度

ハ　第59条第2項に規定する政令で定める事実（ロに掲げるものを除く。）　当該事実が生じた日から同日の翌日以後7年を経過する日までの期間内の日の属する事業年度

ニ　イからハまでに掲げる事実に準ずるものとして政令で定める事実　当該事実が生じた日から同日の翌日以後7年を経過する日までの期間内の日の属する事業年度

三　第1項の各事業年度が内国法人の設立の日として政令で定める日から同日以後7年を経過する日までの期間内の日の属する事業年度である場合における当該内国法人（普通法人に限り、当該各事業年度終了の時において中小法人等又は第66条第6項第2号若しくは第3号に掲げる法人に該当するもの及び株式移転完全親法人を除く。）当該各事業年度（当該内国法人の発行する株式が金融商品取引法第2条第16項に規定する金融商品取引所に上場されたことその他の政令で定める事由のいずれかが生じた場合には、その上場された日その他の当該事由が生じた日として政令で定める日のうち最も早い日以後に終了する事業年度を除く。）

（特定同族会社の特別税率）
第67条

3　第1項に規定する留保金額とは、所得等の金額（第1号から第6号までに掲げる金額の合計額から第7号に掲げる金額を減算した金額をいう。第5項において同じ。）のうち留保した金額から、当該事業年度の所得の金額につき前条第1項又は第2項の規定により計算した法人税の額と当該事業年度の地方法人税法第9条第2項（課税標準）に規定する課税標準法人税額（同法第6条第1号（基準法人税額）に定める基準法人税額に係るものに限る。）につき同法第10条（税率）の規定により計算した地方法人税の額とを合計した金額（次条から第70条まで（税額控除）並びに同法第12条（外国税額の控除）及び第13条（仮装経理に基づく過大申告の場合の更正に伴う地方法人税額の控除）の規定による控除をされるべき金額がある場合には、当該金額を控除した金額）並びに当該法人税の額に係

る地方税法の規定による道府県民税及び市町村民税（都民税を含む。）の額として政令で定めるところにより計算した金額の合計額を控除した金額をいう。

一　当該事業年度の所得の金額（第62条第2項（合併及び分割による資産等の時価による譲渡）に規定する最後事業年度にあっては、同項に規定する資産及び負債の同項に規定する譲渡がないものとして計算した場合における所得の金額）

二　第23条（受取配当等の益金不算入）の規定により当該事業年度の所得の金額の計算上益金の額に算入されなかった金額（連結法人である特定同族会社が他の連結法人（当該特定同族会社との間に連結完全支配関係があるものに限る。）から受ける同条第1項に規定する配当等の額に係るもののうち政令で定めるものを除く。）

三　第23条の2（外国子会社から受ける配当等の益金不算入）の規定により当該事業年度の所得の金額の計算上益金の額に算入されなかった金額

四　第25条の2第1項（受贈益）の規定により当該事業年度の所得の金額の計算上益金の額に算入されなかった金額

五　第26条第1項（還付金等の益金不算入）に規定する還付を受け又は充当される金額（同項第1号に係る部分の金額を除く。）、同条第2項に規定する減額された金額、同条第3項に規定する減額された部分として政令で定める金額、その受け取る附帯税（利子税を除く。以下この号において同じ。）の負担額及び附帯税の負担額の減少額並びに同条第6項に規定する還付を受ける金額

六　第57条（青色申告書を提出した事業年度の欠損金の繰越し）、第58条（青色申告書を提出しなかった事業年度の災害による損失金の繰越し）又は第59条（会社更生等による債務免除等があった場合の欠損金の損金算入）の規定により当該事業年度の所得の金額の計算上損金の額に算入された金額

七　第27条（中間申告における繰戻しによる還付に係る災害損失欠損金の益金算入）の規定により当該事業年度の所得の金額の計算上益金の額に算入された金額

法人税法施行令（抄）

（資本金等の額）

第8条　法第2条第16号（定義）に規定する政令で定める金額は、同号に規定する法人の資本金の額又は出資金の額と、当該事業年度前の各事業年度（当該法人の当該事業年度前の各事業年度のうちに連結事業年度に該当する事業年度がある場合には、各連結事業年度の連結所得に対する法人税を課される最終の連結事業年度（以下この項において「最終連結事業年度」という。）後の各事業年度に限る。以下この項において「過去事業年度」という。）の第1号から第12号までに掲げる金額の合計額から当該法人の過去事業年度の第13号から第22号までに掲げる金額の合計額を減算した金額（当該法人の当該事業年度前の各事業年度のうちに連結事業年度に該当する事業年度がある場合には、最終連結事業年度終了の時における連結個別資本金等の額（当該終了の時における資本金の額又は出資金の額を除く。）を加算した金額）に、当該法人の当該事業年度開始の日以後の第1号から第12号までに掲げる金額を加算し、これから当該法人の同日以後の第13号から第22号までに掲げる金額を減算した金額との合計額とする。

二　新株予約権の行使によりその行使をした者に自己の株式を交付した場合のその行使に際して払い込まれた金銭の額及び給付を受けた金銭以外の資産の価額（法第61条の2第14項に規定する場合に該当する場合における当該新株予約権が付された新株予約権付社債についての社債にあっては、当該法人のその行使の直前の当該社債の帳簿価額）並びに当該法人の当該直前の当該新株予約権の帳簿価額に相当する金額の合計額からその行使に伴う株式の発行により増加した資本金の額を減算した金額

（利益積立金額）

第9条　法第2条第18号（定義）に規定する政令で定める金額は、同号に規定する法人の当該事業年度前の各事業年度（当該法人の当該事業年度前の各事業年度のうちに連結事業年度に該当する事業年度がある場合には、各連結事業年度の連結所得に対する法人税を課

される最終の連結事業年度（以下この項において「最終連結事業年度」という。）後の各事業年度に限る。以下この項において「過去事業年度」という。）の第1号から第7号までに掲げる金額の合計額から当該法人の過去事業年度の第8号から第14号までに掲げる金額の合計額を減算した金額（当該法人の当該事業年度前の各事業年度のうちに連結事業年度に該当する事業年度がある場合には、最終連結事業年度終了の時における連結個別利益積立金額を加算した金額）に、当該法人の当該事業年度開始の日以後の第1号から第7号までに掲げる金額を加算し、これから当該法人の同日以後の第8号から第14号までに掲げる金額を減算した金額とする。

一　イからチまでに掲げる金額の合計額からリからワまでに掲げる金額の合計額を減算した金額（当該金額のうちに当該法人が留保していない金額がある場合には当該留保していない金額を減算した金額とし、公益法人等又は人格のない社団等にあっては収益事業から生じたものに限る。）

イ　所得の金額

ロ　法第23条（受取配当等の益金不算入）の規定により所得の金額の計算上益金の額に算入されない金額

ハ　法第23条の2（外国子会社から受ける配当等の益金不算入）の規定により所得の金額の計算上益金の額に算入されない金額

ニ　法第25条の2第1項（受贈益）の規定により所得の金額の計算上益金の額に算入されない金額

ホ　法第26条第1項（還付金等の益金不算入）に規定する還付を受け又は充当される金額（同項第1号に掲げる金額にあっては、法第38条第1項（法人税額等の損金不算入）の規定により所得の金額の計算上損金の額に算入されない法人税の額及び地方法人税の額並びに当該法人税の額に係る地方税法（昭和25年法律第226号）の規定による道府県民税及び市町村民税（都民税及びこれらの税に係る均等割を含む。ホにおいて同じ。）の額に係る部分の金額を除く。）、法第26条第2項

に規定する減額された金額、同条第 3 項に規定する減額された部分として政令で定める金額、同条第 4 項に規定する附帯税の負担額又は同条第 5 項に規定する附帯税の負担額の減少額を受け取る場合のその受け取る金額及び同条第 6 項に規定する還付を受ける金額並びに法第 142 条の 2 第 1 項（還付金等の益金不算入）に規定する還付を受け又は充当される金額（同項第 1 号に掲げる金額にあっては、法第 142 条第 2 項（恒久的施設帰属所得に係る所得の金額の計算）の規定により法第 38 条第 1 項の規定に準じて計算する場合に法第 141 条第 1 号イ（課税標準）に掲げる国内源泉所得に係る所得の金額の計算上損金の額に算入されない法人税の額及び地方法人税の額並びに当該法人税の額に係る地方税法の規定による道府県民税及び市町村民税の額に係る部分の金額を除く。）、法第 142 条の 2 第 2 項に規定する減額された部分として政令で定める金額及び同条第 3 項に規定する還付を受ける金額

ヘ　法第 57 条（青色申告書を提出した事業年度の欠損金の繰越し）、第 58 条（青色申告書を提出しなかった事業年度の災害による損失金の繰越し）又は第 59 条（会社更生等による債務免除等があった場合の欠損金の損金算入）の規定により所得の金額の計算上損金の額に算入される金額

ト　法第 64 条の 3 第 3 項（法人課税信託に係る所得の金額の計算）に規定する資産の同項に規定する帳簿価額から同項に規定する負債の同項に規定する帳簿価額を減算した金額

チ　第 136 条の 3 第 1 項（医療法人の設立に係る資産の受贈益等）に規定する金銭の額又は金銭以外の資産の価額及び同条第 2 項に規定する利益の額

リ　欠損金額

ヌ　法人税（法第 38 条第 1 項第 1 号及び第 2 号に掲げる法人税並びに附帯税を除く。以下この号及び次条第 1 項第 1 号において同じ。）及び地方法人税（法第 38 条第 1 項第 4 号及び第 5 号に掲げる地方法人税並びに附帯税を除く。次条第 1 項

第 1 号において同じ。）として納付することとなる金額並びに地方税法の規定により当該法人税に係る道府県民税及び市町村民税（都民税及びこれらの税に係る均等割を含む。）として納付することとなる金額

ル　法第 27 条（中間申告における繰戻しによる還付に係る災害損失欠損金額の益金算入）の規定により所得の金額の計算上益金の額に算入される金額及び法第 142 条の 2 の 2（中間申告における繰戻しによる還付に係る災害損失欠損金額の益金算入）の規定により法第 141 条第 1 号イに掲げる国内源泉所得に係る所得の金額の計算上益金の額に算入される金額

ヲ　法第 61 条の 13 第 7 項（完全支配関係がある法人の間の取引の損益）の規定により譲渡損益調整資産（同条第 1 項に規定する譲渡損益調整資産をいう。ヲにおいて同じ。）の取得価額に算入しない金額から同条第七項の規定により譲渡損益調整資産の取得価額に算入する金額を減算した金額

ワ　第 119 条の 3 第 7 項（移動平均法を適用する有価証券について評価換え等があった場合の一単位当たりの帳簿価額の算出の特例）（第 119 条の 4 第 1 項後段（評価換え等があった場合の総平均法の適用の特例）においてその例による場合を含む。）の規定により第 119 条の 3 第 7 項に規定する他の法人の株式又は出資の同項に規定する基準時の直前における帳簿価額から減算される金額

（有価証券に準ずるものの範囲）

第 11 条　法第 2 条第 21 号（有価証券の意義）に規定する政令で定める有価証券は、次に掲げるものとする。

一　金融商品取引法第 2 条第 1 項第 1 号から第 15 号まで（定義）に掲げる有価証券及び同項第 17 号に掲げる有価証券（同項第 16 号に掲げる有価証券の性質を有するものを除く。）に表示されるべき権利（これらの有価証券が発行されていないものに限る。）

二　銀行法（昭和 56 年法律第 59 号）第 10 条第 2 項第 5 号（業務の範囲）に規定する証書をもって表示される金銭債権のうち財務

省令で定めるもの

三 合名会社、合資会社又は合同会社の社員の持分、協同組合等の組合員又は会員の持分その他法人の出資者の持分

四 株主又は投資主（投資信託及び投資法人に関する法律第2条第16項（定義）に規定する投資主をいう。）となる権利、優先出資者（協同組織金融機関の優先出資に関する法律（平成5年法律第44号）第13条第1項（優先出資者となる時期等）の優先出資者をいう。）となる権利、特定社員（資産の流動化に関する法律第2条第5項（定義）に規定する特定社員をいう。）又は優先出資社員（同法第26条（社員）に規定する優先出資社員をいう。）となる権利その他法人の出資者となる権利

（資産の評価損の計上ができる事実）

第68条 法第33条第2項（資産の評価損の損金不算入等）に規定する政令で定める事実は、物損等の事実（次の各号に掲げる資産の区分に応じ当該各号に定める事実であって、当該事実が生じたことにより当該資産の価額がその帳簿価額を下回ることとなったものをいう。）及び法的整理の事実（更生手続における評定が行われることに準ずる特別の事実をいう。）とする。

一 棚卸資産 次に掲げる事実

イ 当該資産が災害により著しく損傷したこと。

ロ 当該資産が著しく陳腐化したこと。

ハ イ又はロに準ずる特別の事実

二 有価証券 次に掲げる事実（法第61条の3第1項第1号（売買目的有価証券の評価益又は評価損の益金又は損金算入等）に規定する売買目的有価証券にあっては、ロ又はハに掲げる事実）

イ 第119条の13第1項第1号から第4号まで（売買目的有価証券の時価評価金額）に掲げる有価証券（第119条の2第2項第2号（有価証券の一単位当たりの帳簿価額の算出の方法）に掲げる株式又は出資に該当するものを除く。）の価額が著しく低下したこと。

ロ イに規定する有価証券以外の有価証券について、その有価証券を発行する法人の資産状態が著しく悪化したため、その

価額が著しく低下したこと。

ハ ロに準ずる特別の事実

三 固定資産 次に掲げる事実

イ 当該資産が災害により著しく損傷したこと。

ロ 当該資産が1年以上にわたり遊休状態にあること。

ハ 当該資産がその本来の用途に使用することができないため他の用途に使用されたこと。

ニ 当該資産の所在する場所の状況が著しく変化したこと。

ホ イからニまでに準ずる特別の事実

四 繰延資産（第14条第1項第6号（繰延資産の範囲）に掲げるもののうち他の者の有する固定資産を利用するために支出されたものに限る。） 次に掲げる事実

イ その繰延資産となる費用の支出の対象となった固定資産につき前号イからニまでに掲げる事実が生じたこと。

ロ イに準ずる特別の事実

2 内国法人の有する資産について法第33条第2項に規定する政令で定める事実が生じ、かつ、当該内国法人が当該資産の評価換えをして損金経理によりその帳簿価額を減額する場合において、当該内国法人が当該評価換えをする事業年度につき同条第4項の規定の適用を受けるとき（当該事実が生じた日後に当該適用に係る次条第2項各号に定める評定が行われるときに限る。）は、当該評価換えについては、法第33条第2項の規定は、適用しない。この場合において、当該資産（同条第4項に規定する資産に該当しないものに限る。）は、同条第4項に規定する資産とみなす。

（定期同額給与の範囲等）

第69条

3 法第34条第1項第2号イに規定する政令で定めるものは、次に掲げるものとする。

一 法第34条第1項第2号の役員の職務につき株主総会、社員総会その他これらに準ずるもの（次項第1号及び第5項第2号において「株主総会等」という。）の決議（当該職務の執行の開始の日から1月を経過する日までにされるものに限る。）により同条第1項第2号の定め（当該決議の日から1月を経過する日までに、特定譲渡制限付株

式（法第54条第1項（譲渡制限付株式を対価とする費用の帰属事業年度の特例）に規定する特定譲渡制限付株式をいう。以下この項及び第8項において同じ。）又は特定新株予約権（法第54条の2第1項（新株予約権を対価とする費用の帰属事業年度の特例等）に規定する特定新株予約権をいう。以下この条において同じ。）を交付する旨の定めに限る。）をした場合における当該定めに基づいて交付される特定譲渡制限付株式又は特定新株予約権による給与

二　特定譲渡制限付株式による給与が前号に掲げる給与又は法第34条第1項第2号イに定める要件を満たす給与に該当する場合における当該特定譲渡制限付株式に係る承継譲渡制限付株式（法第54条第1項に規定する承継譲渡制限付株式をいう。）による給与

三　特定新株予約権による給与が第1号に掲げる給与又は法第34条第1項第2号イに定める要件を満たす給与に該当する場合における当該特定新株予約権に係る承継新株予約権（法第54条の2第1項に規定する承継新株予約権をいう。第19項第1号ロ及び第21項において同じ。）による給与

（譲渡制限付株式の範囲等）

第111条の2　法第54条第1項（譲渡制限付株式を対価とする費用の帰属事業年度の特例）に規定する政令で定める株式は、次に掲げる要件に該当する株式（出資を含む。第2号において同じ。）とする。

一　譲渡（担保権の設定その他の処分を含む。）についての制限がされており、かつ、当該譲渡についての制限に係る期間（次号において「譲渡制限期間」という。）が設けられていること。

二　法第54条第1項の個人から役務の提供を受ける内国法人又はその株式を発行し、若しくは同項の個人に交付した法人がその株式を無償で取得することとなる事由（その株式の交付を受けた同項の個人が譲渡制限期間内の所定の期間勤務を継続しないこと若しくは当該個人の勤務実績が良好でないことその他の当該個人の勤務の状況に基づく事由又はこれらの法人の業績があらかじめ定めた基準に達しないことその他のこれ

らの法人の業績その他の指標の状況に基づく事由に限る。）が定められていること。

2　法第54条第1項に規定する政令で定める譲渡制限付株式は、次に掲げるものとする。

一　合併により当該合併に係る被合併法人の特定譲渡制限付株式（法第54条第1項に規定する特定譲渡制限付株式をいう。次号及び第4項において同じ。）を有する者に対し交付される当該合併に係る合併法人の同条第1項に規定する譲渡制限付株式（以下この項及び第4項において「譲渡制限付株式」という。）又は当該合併の直前に当該合併に係る合併法人と当該合併法人以外の法人との間に当該法人による完全支配関係がある場合における当該法人の譲渡制限付株式

二　分割型分割により当該分割型分割に係る分割法人の特定譲渡制限付株式を有する者に対し交付される当該分割型分割に係る分割承継法人の譲渡制限付株式又は当該分割型分割の直前に当該分割型分割に係る分割承継法人と当該分割承継法人以外の法人との間に当該法人による完全支配関係がある場合における当該法人の譲渡制限付株式

3　法第54条第1項に規定する政令で定める所得は、所得税法に規定する給与所得、事業所得、退職所得及び雑所得（同項の個人が同法第2条第1項第5号（定義）に規定する非居住者である場合には、当該個人が同項第3号に規定する居住者であるとしたときにおけるこれらの所得）とする。

4　特定譲渡制限付株式の交付が正常な取引条件で行われた場合には、法第54条第1項の役務の提供に係る費用の額は、当該特定譲渡制限付株式の交付につき給付され、又は消滅した債権（当該役務の提供の対価として同項の個人に生ずる債権に限る。以下この項において同じ。）の額（第71条の3第1項（確定した数の株式を交付する旨の定めに基づいて支給する給与に係る費用の額等）に規定する確定数給与にあっては、同項に規定する交付決議時価額。以下この項において同じ。）に相当する金額（当該特定譲渡制限付株式につき第2項各号に掲げる譲渡制限付株式が交付された場合には、当該各号の特定譲渡制限付株式の交付につき給付され、又は消滅した債権の額に相当する金額）とする。

5 第2項第2号の分割型分割に伴い法第54条第1項に規定する給与等課税額が生ずる場合の前項の費用の額の計算その他前各項の規定の適用に関し必要な事項は、財務省令で定める。

（譲渡制限付新株予約権の範囲等）
第111条の3 法第54条の2第1項（新株予約権を対価とする費用の帰属事業年度の特例等）に規定する政令で定める新株予約権は、所得税法施行令第84条第2項（譲渡制限付株式の価額等）に規定する権利の譲渡についての制限その他特別の条件が付されているものとする。

3 特定新株予約権（法第54条の2第1項に規定する特定新株予約権をいう。以下この項において同じ。）の交付が正常な取引条件で行われた場合には、同条第1項の役務の提供に係る費用の額は、当該特定新株予約権の交付された時の価額（第71条の3第1項（確定した数の株式を交付する旨の定めに基づいて支給する給与に係る費用の額等）に規定する確定数給与にあっては、同項に規定する交付決議時価額。以下この項及び第5項において同じ。）に相当する金額（当該特定新株予約権につき承継新株予約権（法第54条の2第1項に規定する承継新株予約権をいう。以下この項において同じ。）が交付された場合には、次の各号に掲げる新株予約権の区分に応じ当該各号に定める金額）とする。

一 合併又は分割に係る承継新株予約権　当該承継新株予約権に係る特定新株予約権の法第54条の2第1項の個人に交付された時の価額に相当する金額

二 株式交換又は株式移転に係る承継新株予約権　当該承継新株予約権に係る特定新株予約権の法第54条の2第1項の個人に交付された時の価額に相当する金額に、その交付の日から当該承継新株予約権の行使が可能となる日までの期間の月数のうちに当該株式交換又は株式移転の日から当該行使が可能となる日までの期間の月数の占める割合を乗じて計算した金額

三 株式交換又は株式移転により消滅した特定新株予約権（その行使が可能となる日前に消滅したものに限る。）　当該特定新株予約権の法第54条の2第1項の個人に交付された時の価額に相当する金額に、その交付の日から当該特定新株予約権の行使が可能となる日までの期間の月数のうちに当該交付の日から当該株式交換又は株式移転の日の前日までの期間の月数の占める割合を乗じて計算した金額

（適格合併及び適格分割型分割における合併法人等の資産及び負債の引継価額等）
第123条の3
3 内国法人が適格合併又は適格分割型分割により被合併法人又は分割法人から資産又は負債の移転を受けた場合には、当該移転を受けた資産及び負債の法第62条の2第1項又は第2項に規定する帳簿価額（当該資産又は負債が当該被合併法人（公益法人等に限る。）の収益事業以外の事業に属する資産又は負債であった場合には、当該移転を受けた資産及び負債の価額として当該内国法人の帳簿に記載された金額）による引継ぎを受けたものとする。

租税特別措置法（抄）

（特定の取締役等が受ける新株予約権の行使による株式の取得に係る経済的利益の非課税等）

第29条の2　会社法（平成17年法律第86号）第238条第2項の決議（同法第239条第1項の決議による委任に基づく同項に規定する募集事項の決定及び同法第240条第1項の規定による取締役会の決議を含む。）により新株予約権（政令で定めるものに限る。以下この項において「新株予約権」という。）を与えられる者とされた当該決議（以下この条において「付与決議」という。）のあった株式会社若しくは当該株式会社がその発行済株式（議決権のあるものに限る。）若しくは出資の総数若しくは総額の100分の50を超える数若しくは金額の株式（議決権のあるものに限る。）若しくは出資を直接若しくは間接に保有する関係その他の政令で定める関係にある法人の取締役、執行役若しくは使用人である個人（当該付与決議のあった日において当該株式会社の政令で定める数の株式を有していた個人（以下この項及び次項において「大口株主」という。）及び同日において当該株式会社の大口株主に該当する者の配偶者その他の当該大口株主に該当する者と政令で定める特別の関係があった個人（以下この項及び次項において「大口株主の特別関係者」という。）を除く。以下この項、次項及び第6項において「取締役等」という。）若しくは当該取締役等の相続人（政令で定めるものに限る。以下この項、次項及び第6項において「権利承継相続人」という。）又は当該株式会社若しくは当該法人の取締役、執行役及び使用人である個人以外の個人（大口株主及び大口株主の特別関係者を除き、中小企業等経営強化法第13条に規定する認定新規中小企業者等に該当する当該株式会社が同法第9条第2項に規定する認定社外高度人材活用新事業分野開拓計画（当該新株予約権の行使の日以前に同項の規定による認定の取消しがあったものを除く。）に従って行う同法第2条第8項に規定する社外高度人材活用新事業分野開拓に従事する同項に規定する社外高度人材（当該認定社外高度人材活用新事業分野開拓計画に従って当該新株予約権を与えられる者に限る。以下この項において同じ。）で、当該認定社外高度人材活用新事業分野開拓計画の同法第8条第2項第2号に掲げる実施時期の開始の日（当該認定社外高度人材活用新事業分野開拓計画の変更により新たに当該社外高度人材活用新事業分野開拓に従事することとなった社外高度人材にあっては、当該変更について受けた同法第9条第1項の規定による認定の日。次項第2号において「実施時期の開始等の日」という。）から当該新株予約権の行使の日まで引き続き居住者である者に限る。以下この条において「特定従事者」という。）が、当該付与決議に基づき当該株式会社と当該取締役等又は当該特定従事者との間に締結された契約により与えられた当該新株予約権（当該新株予約権に係る契約において、次に掲げる要件（当該新株予約権が当該取締役等に対して与えられたものである場合には、第1号から第6号までに掲げる要件）が定められているものに限る。以下この条において「特定新株予約権」という。）を当該契約に従って行使することにより当該特定新株予約権に係る株式の取得をした場合には、当該株式の取得に係る経済的利益については、所得税を課さない。ただし、当該取締役等若しくは権利承継相続人又は当該特定従事者（以下この項及び次項において「権利者」という。）が、当該特定新株予約権の行使をすることにより、その年における当該行使に際し払い込むべき額（以下この項及び次項において「権利行使価額」という。）と当該権利者がその年において既にした当該特定新株予約権及び他の特定新株予約権の行使に係る権利行使価額との合計額が、1,200万円を超えることとなる場合には、当該1,200万円を超えることとなる特定新株予約権の行使による株式の取得に係る経済的利益については、この限りでない。

一　当該新株予約権の行使は、当該新株予約権に係る付与決議の日後2年を経過した日から当該付与決議の日後10年を経過する日までの間に行わなければならないこと。

二　当該新株予約権の行使に係る権利行使価額の年間の合計額が、1,200万円を超えないこと。

三　当該新株予約権の行使に係る一株当たり

の権利行使価額は、当該新株予約権に係る契約を締結した株式会社の株式の当該契約の締結の時における一株当たりの価額に相当する金額以上であること。

四 当該新株予約権については、譲渡をしてはならないこととされていること。

五 当該新株予約権の行使に係る株式の交付が当該交付のために付与決議がされた会社法第238条第1項に定める事項に反しないで行われるものであること。

六 当該新株予約権の行使により取得をする株式につき、当該行使に係る株式会社と金融商品取引業者又は金融機関で政令で定めるもの（以下この条において「金融商品取引業者等」という。）との間であらかじめ締結される新株予約権の行使により交付をされる当該株式会社の株式の振替口座簿（社債、株式等の振替に関する法律に規定する振替口座簿をいう。以下この条において同じ。）への記載若しくは記録、保管の委託又は管理及び処分に係る信託（以下この条において「管理等信託」という。）に関する取決め（当該振替口座簿への記載若しくは記録若しくは保管の委託に係る口座又は当該管理等信託に係る契約が権利者の別に開設され、又は締結されるものであること、当該口座又は契約においては新株予約権の行使により交付をされる当該株式会社の株式以外の株式を受け入れないことその他の政令で定める要件が定められるものに限る。）に従い、政令で定めるところにより、当該取得後直ちに、当該株式会社を通じて、当該金融商品取引業者等の振替口座簿に記載若しくは記録を受け、又は当該金融商品取引業者等の営業所若しくは事務所（第四項において「営業所等」という。）に保管の委託若しくは管理等信託がされること。

七 当該契約により当該新株予約権を与えられた者は、当該契約を締結した日から当該新株予約権の行使の日までの間において国外転出（国内に住所及び居所を有しないこととなることをいう。以下この号及び第5項において同じ。）をする場合には、当該国外転出をする時までに当該新株予約権に係る契約を締結した株式会社にその旨を通知しなければならないこと。

八 当該契約により当該新株予約権を与えられた者に係る中小企業等経営強化法第9条第2項に規定する認定社外高度人材活用新事業分野開拓計画（次項第2号及び第4号において「認定社外高度人材活用新事業分野開拓計画」という。）につき当該新株予約権の行使の日以前に同条第2項の規定による認定の取消しがあった場合には、当該新株予約権に係る契約を締結した株式会社は、速やかに、その者にその旨を通知しなければならないこと。

2 前項本文の規定は、権利者が特定新株予約権の行使をする際、次に掲げる要件（権利者が行使をする特定新株予約権が取締役等に対して与えられたものである場合には、第1号及び第3号に掲げる要件）を満たす場合に限り、適用する。

一 当該権利者が、当該権利者（その者が権利承継相続人である場合には、その者の被相続人である取締役等）が当該特定新株予約権に係る付与決議の日において当該行使に係る株式会社の大口株主及び大口株主の特別関係者に該当しなかったことを誓約する書面を当該株式会社に提出したこと。

二 当該権利者が、当該権利者に係る認定社外高度人材活用新事業分野開拓計画の実施時期の開始等の日から当該行使の日まで引き続き居住者であったことを誓約する書面を当該行使に係る株式会社に提出したこと。

三 当該権利者が、当該特定新株予約権の行使の日の属する年における当該権利者の他の特定新株予約権の行使の有無（当該他の特定新株予約権の行使があった場合には、当該行使に係る権利行使価額及びその行使年月日）その他財務省令で定める事項を記載した書面を当該行使に係る株式会社に提出したこと。

四 当該行使に係る株式会社が、当該権利者に係る認定社外高度人材活用新事業分野開拓計画につき中小企業等経営強化法第9条第2項の規定による認定の取消しがなかったことを確認し、当該権利者から提出を受けた前号の書面に当該確認をした事実を記載したこと。

3 前項第1号から第3号までの株式会社は、同項第1号から第3号までの書面の提出を受けた場合には、財務省令で定めるところによ

り、これらの書面を保存しなければならない。

4　次に掲げる事由により、第1項本文の規定の適用を受けた個人（以下この項及び次項において「特例適用者」という。）が有する当該適用を受けて取得をした株式その他これに類する株式として政令で定めるもの（第1項第6号に規定する取決めに従い金融商品取引業者等の振替口座簿に記載若しくは記録を受け、又は金融商品取引業者等の営業所等に保管の委託若しくは管理等信託がされているものに限る。以下この条において「特定株式」という。）の全部又は一部の返還又は移転があった場合（特例適用者から相続（限定承認に係るものを除く。）又は遺贈（包括遺贈のうち限定承認に係るものを除く。）により特定株式（特定従事者に対して与えられた特定新株予約権の行使により取得をした株式その他これに類する株式として政令で定めるものを除く。以下この項及び次項において「取締役等の特定株式」という。）の取得をした個人（以下この項において「承継特例適用者」という。）が、当該取締役等の特定株式を第1項第6号に規定する取決めに従い引き続き当該取締役等の特定株式に係る金融商品取引業者等の振替口座簿に記載若しくは記録を受け、又は金融商品取引業者等の営業所等に保管の委託若しくは管理等信託をする場合を除く。）には、当該返還又は移転があった特定株式については、その事由が生じた時に、その時における価額に相当する金額による譲渡があったものと、第1号に掲げる事由による返還を受けた特例適用者については、当該事由が生じた時に、その時における価額に相当する金額をもって当該返還を受けた特定株式の数に相当する数の当該特定株式と同一銘柄の株式の取得をしたものとそれぞれみなして、第37条の10及び第37条の11の規定その他の所得税に関する法令の規定を適用する。次に掲げる事由により、承継特例適用者が有する承継特定株式（特例適用者から当該相続又は遺贈により取得をした取締役等の特定株式その他これに類する株式として政令で定めるもので第1項第6号に規定する取決めに従い引き続き当該取締役等の特定株式に係る金融商品取引業者等の振替口座簿に記載若しくは記録を受け、又は金融商品取引業者等の営業所等に保管の委託若しくは管理等信託

がされているものをいう。以下この条において同じ。）の全部又は一部の返還又は移転があった場合についても、同様とする。

一　当該金融商品取引業者等の振替口座簿への記載若しくは記録、保管の委託又は管理等信託の解約又は終了（第1項第6号に規定する取決めに従ってされる譲渡に係る終了その他政令で定める終了を除く。）

二　贈与（法人に対するものを除く。）又は相続（限定承認に係るものを除く。）若しくは遺贈（法人に対するもの及び個人に対する包括遺贈のうち限定承認に係るものを除く。）

三　第1項第6号に規定する取決めに従ってされる譲渡以外の譲渡でその譲渡の時における価額より低い価額によりされるもの（所得税法第59条第1項第2号に規定する譲渡に該当するものを除く。）

5　特例適用者が国外転出をする場合には、その国外転出の時に有する特定株式（取締役等の特定株式を除く。）のうちその国外転出の時における価額に相当する金額として政令で定める金額（以下この項において「国外転出時価額」という。）がその取得に要した金額として政令で定める金額を超えるもので政令で定めるもの（以下この項において「特定従事者の特定株式」という。）については、その国外転出の時に、権利行使時価額（当該特定従事者の特定株式の国外転出時価額と当該特例適用者が当該特定従事者の特定株式に係る特定新株予約権の行使をした日における当該特定従事者の特定株式の価額に相当する金額として政令で定める金額とのうちいずれか少ない金額をいう。以下この項において同じ。）による譲渡があったものと、当該特例適用者については、その国外転出の時に、当該権利行使時価額をもって当該特定従事者の特定株式の数に相当する数の当該特定従事者の特定株式と同一銘柄の株式の取得をしたものとそれぞれみなして、第37条の10及び第37条の11の規定その他の所得税に関する法令の規定を適用する。

6　付与決議に基づく契約により取締役等若しくは権利承継相続人又は特定従事者に特定新株予約権を与える株式会社は、政令で定めるところにより、当該特定新株予約権の付与に関する調書（以下この条において「特定新株予約権の付与に関する調書」という。）を、

その付与をした日の属する年の翌年1月31日までに、税務署長に提出しなければならない。

7　第1項第6号に規定する取決めに従い特定株式又は承継特定株式につき振替口座簿への記載若しくは記録をし、又は保管の委託を受け、若しくは管理等信託を引き受けている金融商品取引業者等は、政令で定めるところにより、当該特定株式又は承継特定株式の受入れ又は交付その他の異動状況に関する調書（以下この条において「特定株式等の異動状況に関する調書」という。）を、毎年1月31日までに、税務署長に提出しなければならない。

8　第1項本文の規定の適用を受ける場合における株式の取得価額の計算の特例、同項本文の規定の適用を受ける場合における株式の譲渡に係る国内源泉所得の範囲及び非居住者に対する課税の方法の特例、特定株式又は承継特例株式の譲渡に係る所得税法第224条の3及び第225条の規定の特例、特定株式の取得に係る同法第228条の2の規定の特例その他第1項、第4項及び第5項の規定の適用に関し必要な事項は、政令で定める。

9　国税庁、国税局又は税務署の当該職員は、特定新株予約権の付与に関する調書又は特定株式等の異動状況に関する調書の提出に関する調査について必要があるときは、当該特定新株予約権の付与に関する調書若しくは特定株式等の異動状況に関する調書を提出する義務がある者に質問し、その者の特定新株予約権の付与若しくは特定株式若しくは承継特定株式の受入れ若しくは交付その他の異動状況に関する帳簿書類その他の物件を検査し、又は当該物件（その写しを含む。）の提示若しくは提出を求めることができる。

10　国税庁、国税局又は税務署の当該職員は、特定新株予約権の付与に関する調書又は特定株式等の異動状況に関する調書の提出に関する調査について必要があるときは、当該調査において提出された物件を留め置くことができる。

11　国税庁、国税局又は税務署の当該職員は、第9項の規定による質問、検査又は提示若しくは提出の要求をする場合には、その身分を示す証明書を携帯し、関係人の請求があったときは、これを提示しなければならない。

12　第9項及び第10項の規定による当該職員の権限は、犯罪捜査のために認められたもの

と解してはならない。

13　前項に定めるもののほか、第10項の規定の適用に関し必要な事項は、政令で定める。

（高度省エネルギー増進設備等を取得した場合の特別償却又は法人税額の特別控除）

第42条の5　青色申告書を提出する法人が、平成30年4月1日（第2号及び第3号に掲げるものにあっては、エネルギーの使用の合理化等に関する法律の一部を改正する法律（平成30年法律第45号）の施行の日）から令和4年3月31日までの期間（次項において「指定期間」という。）内に、当該法人の次の各号に掲げる区分に応じ当該各号に定める減価償却資産（以下この条において「高度省エネルギー増進設備等」という。）でその製作若しくは建設の後事業の用に供されたことのないものを取得し、又は高度省エネルギー増進設備等を製作し、若しくは建設して、これを国内にある当該法人の事業の用に供した場合（貸付けの用に供した場合を除く。同項において同じ。）には、その事業の用に供した日を含む事業年度（解散（合併による解散を除く。）の日を含む事業年度及び清算中の各事業年度を除く。同項において「供用年度」という。）の当該高度省エネルギー増進設備等に係る償却費として損金の額に算入する金額の限度額（以下この節において「償却限度額」という。）は、法人税法第31条第1項又は第2項の規定にかかわらず、当該高度省エネルギー増進設備等の普通償却限度額（同条第1項に規定する償却限度額又は同条第2項に規定する償却限度額に相当する金額をいう。以下この節において同じ。）と特別償却限度額（当該高度省エネルギー増進設備等の取得価額の100分の20に相当する金額をいう。）との合計額とする。

一　エネルギーの使用の合理化等に関する法律第7条第3項ただし書に規定する特定事業者、同法第19条第1項に規定する特定連鎖化事業者（同項に規定する特定連鎖化事業者が行う連鎖化事業（同法第18条第1項に規定する連鎖化事業をいう。以下この号において同じ。）の加盟者（同法第18条第1項に規定する加盟者をいう。以下この号において同じ。）を含む。）又は同法第29条第2項に規定する認定管理統括事業者若し

◀ 203 ▶

くは同項第2号に規定する管理関係事業者（同項に規定する認定管理統括事業者又は同号に規定する管理関係事業者が同法第18条第2項ただし書に規定する特定連鎖化事業者である場合には、これらの者が行う連鎖化事業の加盟者を含む。）　同法第15条第1項、第26条第1項又は第37条第1項の規定によりこれらの規定の主務大臣に提出されたこれらの規定の計画において設置するものとして記載されたエネルギー（同法第2条第1項に規定するエネルギーをいう。以下第3号までにおいて同じ。）の使用の合理化のための機械その他の減価償却資産でエネルギーの使用の合理化に特に効果の高いものとして政令で定めるもの（これらの加盟者の同法第26条第1項又は第37条第1項の計画に係るものにあっては、これらの加盟者が設置しているこれらの連鎖化事業に係る同法第3条第1項に規定する工場等に係るものとして政令で定めるものに限る。）

二　エネルギーの使用の合理化等に関する法律第46条第1項の認定を受けた同項の工場等を設置している者　当該認定に係る同法第47条第3項に規定する連携省エネルギー計画に記載された同法第46条第1項に規定する連携省エネルギー措置の実施により取得又は製作若しくは建設（次号において「取得等」という。）をされる機械その他の減価償却資産でエネルギーの使用の合理化に資するものとして政令で定めるもの

三　エネルギーの使用の合理化等に関する法律第117条第1項の認定を受けた同項の荷主　当該認定に係る同法第118条第3項に規定する荷主連携省エネルギー計画に記載された同法第117条第1項に規定する荷主連携省エネルギー措置の実施により取得等をされる機械その他の減価償却資産でエネルギーの使用の合理化に資するものとして政令で定めるもの

（中小企業者等が機械等を取得した場合の特別償却又は法人税額の特別控除）
第42条の6　中小企業者（政令で定める中小企業者に該当する法人をいう。）のうち第42条の4第8項第8号に規定する適用除外事業者に該当しないもの又は同項第9号に規定する

農業協同組合等で、青色申告書を提出するもの（以下この条において「中小企業者等」という。）が、平成10年6月1日から令和3年3月31日までの期間（次項において「指定期間」という。）内に、次に掲げる減価償却資産（第1号又は第2号に掲げる減価償却資産にあっては、政令で定める規模のものに限る。以下この条において「特定機械装置等」という。）でその製作の後事業の用に供されたことのないものを取得し、又は特定機械装置等を製作して、これを国内にある当該中小企業者等の営む製造業、建設業その他政令で定める事業の用（第4号に規定する事業を営む法人で政令で定めるもの以外の法人の貸付けの用を除く。以下この条において「指定事業の用」という。）に供した場合には、その指定事業の用に供した日を含む事業年度（解散（合併による解散を除く。）の日を含む事業年度及び清算中の各事業年度を除く。次項及び第9項において「供用年度」という。）の当該特定機械装置等の償却限度額は、法人税法第31条第1項又は第2項の規定にかかわらず、当該特定機械装置等の普通償却限度額と特別償却限度額（当該特定機械装置等の取得価額（第4号に掲げる減価償却資産にあっては、当該取得価額に政令で定める割合を乗じて計算した金額。次項において「基準取得価額」という。）の100分の30に相当する金額をいう。）との合計額とする。

一　機械及び装置並びに工具（工具については、製品の品質管理の向上等に資するものとして財務省令で定めるものに限る。）

二　ソフトウエア（政令で定めるものに限る。）

三　車両及び運搬具（貨物の運送の用に供される自動車で輸送の効率化等に資するものとして財務省令で定めるものに限る。）

四　政令で定める海上運送業の用に供される船舶

（準備金方式による特別償却）
第52条の3　法人で前条第1項に規定する特別償却に関する規定（以下この項及び第11項において「特別償却に関する規定」という。）の適用を受けることができるものが、その適用を受けようとする事業年度において、特別償却に関する規定の適用を受けることに代えて、各特別償却対象資産別に各特別償却に関

する規定に規定する特別償却限度額以下の金額を損金経理の方法により特別償却準備金として積み立てたとき（当該事業年度の決算の確定の日までに剰余金の処分により積立金として積み立てる方法により特別償却準備金として積み立てたときを含む。）は、その積み立てた金額は、当該事業年度の所得の金額の計算上、損金の額に算入する。

（関西国際空港用地整備準備金）
第57条の7　関西国際空港及び大阪国際空港の一体的かつ効率的な設置及び管理に関する法律（平成23年法律第54号）第12条第1項第1号に規定する指定会社（以下この条において「指定会社」という。）が、適用事業年度において、空港用地整備費用（同法第15条の空港用地の整備に要する費用をいう。）の支出に備えるため、次に掲げる金額のうちいずれか低い金額以下の金額を損金経理の方法により関西国際空港用地整備準備金として積み立てたとき（当該適用事業年度の決算の確定の日までに剰余金の処分により積立金として積み立てる方法により関西国際空港用地整備準備金として積み立てたときを含む。）は、その積み立てた金額は、当該適用事業年度の所得の金額の計算上、損金の額に算入する。
一　次に掲げる金額のうちいずれか低い金額
　イ　空港用地（関西国際空港及び大阪国際空港の一体的かつ効率的な設置及び管理に関する法律第12条第1項に規定する空港用地をいう。以下この条において同じ。）の取得価額として政令で定める金額の10分の1に相当する金額
　ロ　当該適用事業年度の所得の金額のうち、空港用地整備債務の確実な返済及び空港用地の適正な管理に資するように指定会社及び新関西国際空港株式会社の所得の金額を基礎として政令で定めるところにより計算した金額
二　空港用地整備債務の額から、当該適用事業年度終了の日における前事業年度（指定会社の各事業年度開始の日の前日を含む事業年度が連結事業年度に該当する場合には、指定会社のその前日を含む連結事業年度。以下この号及び第4項において「前事業年度等」という。）から繰り越された関西国際空港用地整備準備金の金額（各事業

年度終了の日において第68条の57第1項の関西国際空港用地整備準備金を積み立てている指定会社の前事業年度等から繰り越された同項の関西国際空港用地整備準備金の金額（以下この号において「連結関西国際空港用地整備準備金の金額」という。）がある場合には当該連結関西国際空港用地整備準備金の金額を含むものとし、当該各事業年度終了の日までに第5項の規定により益金の額に算入された、若しくは算入されるべきこととなった金額（同条第5項の規定により益金の額に算入された金額を含む。）又は前事業年度等の終了の日までに第4項の規定により益金の額に算入された金額（同条第4項の規定により益金の額に算入された金額を含む。）がある場合にはこれらの金額を控除した金額とする。以下この条において同じ。）を控除した金額

（農業経営基盤強化準備金）
第61条の2　青色申告書を提出する法人で農業経営基盤強化促進法第12条第1項に規定する農業経営改善計画に係る同項の認定を受けた農地法第2条第3項に規定する農地所有適格法人（第3項第1号において「認定農地所有適格法人」という。）に該当するものが、平成19年4月1日から令和3年3月31日までの期間（以下この項において「指定期間」という。）内の日を含む各事業年度（解散の日を含む事業年度及び清算中の各事業年度を除く。）の指定期間内において、農業の担い手に対する経営安定のための交付金の交付に関する法律第3条第1項又は第4条第1項に規定する交付金その他これに類するものとして財務省令で定める交付金又は補助金（第1号において「交付金等」という。）の交付を受けた場合において、農業経営基盤強化促進法第13条第2項に規定する認定計画（第3項第2号イにおいて「認定計画」という。）の定めるところに従って行う農業経営基盤強化（同法第12条第2項第2号の農業経営の規模を拡大すること又は同号の生産方式を合理化することをいう。第1号において同じ。）に要する費用の支出に備えるため、次に掲げる金額のうちいずれか少ない金額以下の金額を損金経理の方法により農業経営基盤強化準備金として積み立てたとき（当該事業年度の決算

の確定の日までに剰余金の処分により積立金として積み立てる方法により農業経営基盤強化準備金として積み立てた場合を含む。）は、その積み立てた金額は、当該事業年度の所得の金額の計算上、損金の額に算入する。

一　当該交付金等の額のうち農業経営基盤強化に要する費用の支出に備えるものとして政令で定める金額

二　当該事業年度の所得の金額として政令で定めるところにより計算した金額

（農用地等を取得した場合の課税の特例）

第61条の3　前条第1項の農業経営基盤強化準備金（連結事業年度において積み立てた第68条の64第1項の農業経営基盤強化準備金を含む。）の金額（前条第4項又は第5項の規定の適用を受けるものを除く。）を有する法人（同条第1項の規定の適用を受けることができる法人を含む。）が、各事業年度において、同項に規定する認定計画の定めるところにより、農業経営基盤強化促進法第4条第1項第1号に規定する農用地（当該農用地に係る賃借権を含む。以下この項において同じ。）の取得（贈与、交換、出資又は法人税法第2条第12号の5の2に規定する現物分配によるもの、所有権移転外リース取引によるものその他政令で定めるものを除く。以下この項において同じ。）をし、又は農業用の機械及び装置、器具及び備品、建物及びその附属設備、構築物並びにソフトウエア（建物及びその附属設備にあっては、農業振興地域の整備に関する法律第8条第4項に規定する農用地利用計画において同法第3条第4号に掲げる土地としてその用途が指定された土地に建設される同号に規定する農業用施設のうち当該法人の農業の用に直接供される建物として財務省令で定める建物及びその附属設備に限る。以下この項及び第4項において「特定農業用機械等」という。）でその製作若しくは建設の後事業の用に供されたことのないものの取得をし、若しくは特定農業用機械等の製作若しくは建設をして、当該農用地又は特定農業用機械等（以下この項及び第5項において「農用地等」という。）を当該法人の農業の用に供した場合には、当該農用地等につき、次に掲げる金額のうちいずれか少ない金額以下の金額（以下この項において「圧縮限度額」という。）の範囲内でその帳簿価額を損金経理により減額し、又はその帳簿価額を減額することに代えてその圧縮限度額以下の金額を当該事業年度の確定した決算（法人税法第72条第1項第1号又は第144条の4第1項第1号若しくは第2号若しくは第2項第1号に掲げる金額を計算する場合にあっては、同法第72条第1項又は第144条の4第1項若しくは第2項に規定する期間に係る決算。以下第8節までにおいて同じ。）において積立金として積み立てる方法（当該事業年度の決算の確定の日までに剰余金の処分により積立金として積み立てる方法を含む。）により経理したときは、その減額し、又は経理した金額に相当する金額は、当該事業年度の所得の金額の計算上、損金の額に算入する。

一　次に掲げる金額の合計額

イ　前事業年度等（前条第2項に規定する前事業年度等をいう。イにおいて同じ。）から繰り越された同条第1項の農業経営基盤強化準備金の金額（第68条の64第1項の農業経営基盤強化準備金を積み立てている当該法人の前事業年度等から繰り越された同項の農業経営基盤強化準備金の金額を含むものとし、前事業年度等の終了の日までに前条第2項又は第3項の規定により益金の額に算入された金額（第68条の64第2項又は第3項の規定により益金の額に算入された金額を含む。）がある場合には当該金額を控除した金額とする。）のうち、当該事業年度において前条第2項又は第3項（第2号ロに係る部分を除く。）の規定により益金の額に算入された、又は算入されるべきこととなった金額に相当する金額

ロ　当該事業年度において交付を受けた前条第1項に規定する交付金等の額のうち同項の農業経営基盤強化準備金として積み立てられなかった金額として政令で定める金額

二　当該事業年度の所得の金額として政令で定めるところにより計算した金額

（収用等に伴い代替資産を取得した場合の課税の特例）

第64条

7　第1項の規定の適用を受けた代替資産につ

いて法人税に関する法令の規定を適用する場合には、同項の規定により各事業年度の所得の金額の計算上損金の額に算入された金額は、当該代替資産の取得価額に算入しない。

（換地処分等に伴い資産を取得した場合の課税の特例）

第65条 法人の有する資産で次の各号に規定するものが当該各号に掲げる場合に該当することとなった場合（当該各号に規定する資産とともに補償金、対価若しくは清算金（以下この条において「補償金等」という。）又は保留地の対価（中心市街地の活性化に関する法律第16条第1項、高齢者、障害者等の移動等の円滑化の促進に関する法律第39条第1項、都市の低炭素化の促進に関する法律第19条第1項、大都市地域住宅等供給促進法第21条第1項又は地方拠点都市地域の整備及び産業業務施設の再配置の促進に関する法律第28条第1項の規定による保留地が定められた場合における当該保留地の対価をいう。次項第1号及び第10項第1号において同じ。）を取得した場合を含む。第5項において同じ。）において、当該法人が当該各号に規定する収用、買取り、換地処分、権利変換又は交換（以下この条及び次条において「換地処分等」という。）により取得した資産（以下この条において「交換取得資産」という。）につき、当該交換取得資産の価額から当該換地処分等により譲渡した資産の譲渡直前の帳簿価額を控除した残額（第5項において「圧縮限度額」という。）の範囲内で当該交換取得資産の帳簿価額を損金経理により減額したときは、その減額した金額に相当する金額は、当該事業年度の所得の金額の計算上、損金の額に算入する。

四 資産につき都市再開発法による第一種市街地再開発事業が施行された場合において当該資産に係る権利変換により施設建築物の一部を取得する権利若しくは施設建築物の一部についての借家権を取得する権利及び施設建築敷地若しくはその共有持分若しくは地上権の共有持分（当該資産に係る権利変換が同法第110条第1項又は第110条の2第1項の規定により定められた権利変換計画において定められたものである場合には、施設建築敷地に関する権利又は施設建築物に関する権利を取得する権利）若しくは個別利用区内の宅地若しくはその使用収益権を取得するとき、又は資産が同法による第二種市街地再開発事業の施行に伴い買い取られ、若しくは収用された場合において同法第118条の11第1項の規定によりその対価として同項に規定する建築施設の部分の給付（当該給付が同法第118条の25の3第1項の規定により定められた管理処分計画において定められたものである場合には、施設建築敷地又は施設建築物に関する権利の給付）を受ける権利を取得するとき。

（農地保有の合理化のために農地等を譲渡した場合の所得の特別控除）

第65条の5 農地法第2条第3項に規定する農地所有適格法人の有する土地等が次の各号に掲げる場合に該当することとなった場合において、当該農地所有適格法人が当該各号に該当することとなった土地等の譲渡により取得した対価の額又は資産（以下この項において「交換取得資産」という。）の価額（当該譲渡により取得した交換取得資産の価額がその譲渡した土地等の価額を超える場合において、その差額に相当する金額を当該譲渡に際して支出したときは、当該差額に相当する金額を控除した金額）が、当該譲渡した土地等の譲渡直前の帳簿価額と当該譲渡した土地等の譲渡に要した経費で当該対価又は交換取得資産に係るものとして政令で定めるところにより計算した金額との合計額を超え、かつ、当該農地所有適格法人が当該事業年度のうち同一の年に属する期間中にその該当することとなった土地等のいずれについても第65条の7から第65条の9まで、第66条又は第66条の2の規定の適用を受けないときは、その超える部分の金額と800万円（当該譲渡の日の属する年における譲渡により取得した対価の額又は交換取得資産の価額につき、この項の規定により損金の額に算入した、又は損金の額に算入する金額（第68条の76第1項の規定により損金の額に算入した金額を含む。）があるときは、当該金額を控除した金額）とのいずれか低い金額を当該譲渡の日を含む事業年度の所得の金額の計算上、損金の額に算入する。

一　農業振興地域の整備に関する法律第23条に規定する勧告に係る協議、調停又はあっせんにより譲渡した場合その他農地保有の合理化のために土地等を譲渡した場合として政令で定める場合（第65条の3第1項第7号又は前条第1項第25号の規定の適用がある場合を除く。）

二　農業振興地域の整備に関する法律第8条第2項第1号に規定する農用地区域内にある土地等を農業経営基盤強化促進法第19条の規定による公告があった同条の農用地利用集積計画の定めるところにより譲渡した場合（第65条の3第1項第7号又は前条第1項第25号の規定の適用がある場合を除く。）

三　特定農山村地域における農林業等の活性化のための基盤整備の促進に関する法律第9条第1項の規定による公告があった同項の所有権移転等促進計画の定めるところにより土地等（同法第2条第2項第1号又は第2号に掲げる土地及び当該土地の上に存する権利に限る。）の譲渡（農林業の体験のための施設その他の財務省令で定める施設の用に供するためのものを除く。）をした場合（第65条の3第1項第七号又は前条第1項第1号若しくは第25号の規定の適用がある場合を除く。）

四　林業経営基盤の強化等の促進のための資金の融通等に関する暫定措置法第10条の規定による都道府県知事のあっせんにより、同法第3条第1項の認定を受けた者に山林に係る土地の譲渡（林地保有及び森林施業の合理化に資するものとして政令で定めるものに限る。）をした場合

（特定の資産の買換えの場合の課税の特例）

第65条の7　法人（清算中の法人を除く。以下この款において同じ。）が、昭和45年4月1日から令和5年3月31日（次の表の第3号又は第5号の上欄に掲げる資産にあっては、令和3年3月31日）までの期間（第9項において「対象期間」という。）内に、その有する資産（棚卸資産を除く。以下この款において同じ。）で同表の各号の上欄に掲げるもの（その譲渡につき第63条第1項の規定の適用がある土地等（土地又は土地の上に存する権利をいう。以下第65条の9までにおいて同じ。）

を除く。以下この条において同じ。）の譲渡をした場合において、当該譲渡の日を含む事業年度において、当該各号の下欄に掲げる資産の取得をし、かつ、当該取得の日から1年以内に、当該取得をした資産（第4項及び第12項並びに次条第14項及び第15項を除き、以下この条及び次条において「買換資産」という。）を当該各号の下欄に規定する地域内にある当該法人の事業の用（同表の第7号の下欄に掲げる資産については、その法人の事業の用。第3項及び第9項において同じ。）に供したとき（当該事業年度において当該事業の用に供しなくなったときを除く。）、又は供する見込みであるとき（適格合併により当該買換資産を合併法人に移転する場合において当該合併法人が当該買換資産を当該適格合併により移転を受ける当該各号の下欄に規定する地域内にある事業の用（同表の第7号の下欄に掲げる資産については、その移転を受ける事業の用）に供する見込みであるときその他の政令で定めるときを含む。第3項において同じ。）は、当該買換資産につき、その圧縮基礎取得価額に差益割合を乗じて計算した金額の100分の80（当該譲渡をした資産が同表の第2号の上欄に掲げる資産（令和2年4月1日前に同欄のイ若しくはロに掲げる区域となった区域内又は同欄のハに掲げる区域内にあるものに限る。）に該当し、かつ、当該買換資産が同号の下欄に掲げる資産に該当する場合には、100分の70）に相当する金額（以下この項及び第9項において「圧縮限度額」という。）の範囲内でその帳簿価額を損金経理により減額し、又はその帳簿価額を減額することに代えてその圧縮限度額以下の金額を当該事業年度の確定した決算において積立金として積み立てる方法（当該事業年度の決算の確定の日までに剰余金の処分により積立金として積み立てる方法を含む。）により経理したときに限り、その減額し、又は経理した金額に相当する金額は、当該事業年度の所得の金額の計算上、損金の額に算入する。

8　第1項の規定の適用を受けた買換資産について法人税に関する法令の規定を適用する場合には、同項の規定により各事業年度の所得の金額の計算上損金の額に算入された金額（第4項の規定により各事業年度の所得の金額の計算上益金の額に算入された金額を除

く。）は、当該買換資産の取得価額に算入しない。

（特定の資産の譲渡に伴い特別勘定を設けた場合の課税の特例）

第65条の8 法人が、昭和45年4月1日から令和5年3月31日（前条第1項の表の第3号又は第5号の上欄に掲げる資産にあっては、令和3年3月31日）までの期間（次項において「対象期間」という。）内に、その有する資産で同表の各号の上欄に掲げるもの（その譲渡につき第63条第1項の規定の適用がある土地等を除く。）の譲渡をした場合において、当該譲渡をした日を含む事業年度（解散の日を含む事業年度及び被合併法人の合併（適格合併を除く。）の日の前日を含む事業年度を除く。）終了の日の翌日から1年を経過する日までの期間（前条第3項に規定する政令で定めるやむを得ない事情があるため、当該期間内に当該各号の下欄に掲げる資産の取得をすることが困難である場合において、政令で定めるところにより納税地の所轄税務署長の承認を受けたときは、当該資産の取得をすることができるものとして、同日後2年以内において当該税務署長が認定した日までの期間。以下この項及び第4項第2号において「取得指定期間」という。）内に当該各号の下欄に掲げる資産の取得をする見込みであり、かつ、当該取得の日から1年以内に当該取得をした資産を当該各号の下欄に規定する地域内にある当該法人の事業の用（同表の第7号の下欄に掲げる資産については、その法人の事業の用）に供する見込みであるとき（当該法人が被合併法人となる適格合併を行う場合において当該適格合併に係る合併法人が取得指定期間内に当該各号の下欄に掲げる資産の取得をする見込みであり、かつ、当該取得の日から1年以内に当該合併法人において当該取得をした資産を当該適格合併により移転を受ける当該各号の下欄に規定する地域内にある事業の用（同表の第7号の下欄に掲げる資

産については、その移転を受ける事業の用）に供する見込みであるときその他の政令で定めるときを含む。）は、当該譲渡をした資産の譲渡に係る対価の額のうち当該譲渡をした資産に係る同表の各号の下欄に掲げる資産の取得に充てようとする額に差益割合を乗じて計算した金額の100分の80（当該譲渡をした資産が同表の第2号の上欄に掲げる資産（令和2年4月1日前に同欄のイ若しくはロに掲げる区域となった区域内又は同欄のハに掲げる区域内にあるものに限る。）に該当し、かつ、当該取得をする見込みである資産が同号の下欄に掲げる資産に該当する場合には、100分の70。次項において同じ。）に相当する金額以下の金額を当該譲渡の日を含む事業年度の確定した決算において特別勘定を設ける方法（当該事業年度の決算の確定の日までに剰余金の処分により積立金として積み立てる方法を含む。）により経理した場合に限り、その経理した金額に相当する金額は、当該事業年度の所得の金額の計算上、損金の額に算入する。

9 前2項の場合において、その買換資産に係る第1項の特別勘定の金額のうち、当該買換資産の圧縮基礎取得価額に差益割合を乗じて計算した金額に対応する部分の金額として政令で定める金額は、当該買換資産の取得の日を含む事業年度の所得の金額の計算上、益金の額に算入する。

16 前条第5項及び第6項の規定は第1項又は第7項の規定を適用する場合について、同条第7項及び第8項の規定は第7項又は第8項の規定の適用を受けた買換資産について、同条第11項の規定は第8項の規定を適用する場合について、それぞれ準用する。この場合において、第1項の規定を適用するときは、同条第5項及び第6項中「明細書」とあるのは、「明細書、取得をする見込みである資産につき財務省令で定める事項を記載した書類」と読み替えるものとする。

租税特別措置法施行令（抄）

（特定の取締役等が受ける新株予約権の行使による株式の取得に係る経済的利益の非課税等）

第 19 条の 3

2　法第 29 条の 2 第 1 項に規定する政令で定める関係は、同項に規定する付与決議（第 5 項及び第 25 項において「付与決議」という。）のあった株式会社が他の法人の発行済株式（議決権のあるものに限る。）又は出資（以下この項において「発行済株式等」という。）の総数又は総額の 100 分の 50 を超える数又は金額の株式（議決権のあるものに限るものとし、出資を含む。以下この項において同じ。）を直接又は間接に保有する関係とする。この場合において、当該株式会社が当該他の法人の発行済株式等の総数又は総額の 100 分の 50 を超える数又は金額の株式を直接又は間接に保有するかどうかの判定は、当該株式会社の当該他の法人に係る直接保有の株式の保有割合（当該株式会社の有する当該他の法人の株式の数又は金額が当該他の法人の発行済株式等の総数又は総額のうちに占める割合をいう。）と当該株式会社の当該他の法人に係る間接保有の株式の保有割合（次の各号に掲げる場合の区分に応じ当該各号に定める割合（当該各号に掲げる場合のいずれにも該当する場合には、当該各号に定める割合の合計割合）をいう。）とを合計した割合により行うものとする。

　一　当該他の法人の株主等（所得税法第 2 条第 1 項第 8 号の 2 に規定する株主等をいう。以下この項において同じ。）である法人の発行済株式等の総数又は総額の 100 分の 50 を超える数又は金額の株式が当該株式会社により所有されている場合　当該株主等である法人の有する当該他の法人の株式の数又は金額が当該他の法人の発行済株式等の総数又は総額のうちに占める割合（当該株主等である法人が 2 以上ある場合には、当該 2 以上の株主等である法人につきそれぞれ計算した割合の合計割合）

　二　当該他の法人の株主等である法人（前号に掲げる場合に該当する同号の株主等である法人を除く。）と当該株式会社との間にこれらの者と発行済株式等の所有を通じて連鎖関係にある 1 又は 2 以上の法人（以下

この号において「出資関連法人」という。）が介在している場合（出資関連法人及び当該株主等である法人がそれぞれその発行済株式等の総数又は総額の 100 分の 50 を超える数又は金額の株式を当該株式会社又は出資関連法人（その発行済株式等の総数又は総額の 100 分の 50 を超える数又は金額の株式が当該株式会社又は他の出資関連法人によって所有されているものに限る。）によって所有されている場合に限る。）　当該株主等である法人の有する当該他の法人の株式の数又は金額が当該他の法人の発行済株式等の総数又は総額のうちに占める割合（当該株主等である法人が 2 以上ある場合には、当該 2 以上の株主等である法人につきそれぞれ計算した割合の合計割合）

3　法第 29 条の 2 第 1 項に規定する政令で定める数は、次の各号に掲げる株式の区分に応じ当該各号に定める数とする。

　一　金融商品取引法第 2 条第 16 項に規定する金融商品取引所に上場されている株式又は店頭売買登録銘柄（株式で、同条第 13 項に規定する認可金融商品取引業協会が、その定める規則に従い、その店頭売買につき、その売買価格を発表し、かつ、当該株式の発行法人に関する資料を公開するものとして登録したものをいう。）として登録されている株式　これらの株式を発行した株式会社の発行済株式の総数の 10 分の 1 を超える数

　二　前号に掲げる株式以外の株式　当該株式を発行した株式会社の発行済株式の総数の 3 分の 1 を超える数

4　法第 29 条の 2 第 1 項に規定する当該大口株主に該当する者と政令で定める特別の関係があった個人は、次に掲げる者とする。

　一　当該大口株主（法第 29 条の 2 第 1 項に規定する大口株主をいう。以下この項において同じ。）に該当する者の親族

　二　当該大口株主に該当する者と婚姻の届出をしていないが事実上婚姻関係と同様の事情にある者及びその者の直系血族

　三　当該大口株主に該当する者の直系血族と婚姻の届出をしていないが事実上婚姻関係と同様の事情にある者

四　前３号に掲げる者以外の者で、当該大口株主に該当する者から受ける金銭その他の財産によって生計を維持しているもの及びその者の直系血族

五　前各号に掲げる者以外の者で、当該大口株主に該当する者の直系血族から受ける金銭その他の財産によって生計を維持しているもの

（関西国際空港用地整備準備金）
第33条の4

3　前項の指定会社所得金額は、法第57条の7第1項並びに第66条の13第1項及び第5項から第11項までの規定を適用しないで計算した場合における法第57条の7第2項に規定する適用事業年度の所得の金額とする。この場合において、法人税法第57条第1項、第58条第1項及び第59条第2項の規定の適用については、同法第57条第1項及び第58条第1項中「譲渡）の規定」とあるのは「譲渡）並びに租税特別措置法第57条の7第1項（関西国際空港用地整備準備金）の規定」と、同法第59条第2項中「譲渡）」とあるのは「譲渡）並びに租税特別措置法第57条の7第1項（関西国際空港用地整備準備金）」と、「）の規定」とあるのは「並びに同法第57条の7第1項）の規定」とする。

（農業経営基盤強化準備金）
第37条の2

2　法第61条の2第1項第2号に規定する政令で定めるところにより計算した金額は、同項並びに法第61条の3並びに第66条の13第1項及び第5項から第11項までの規定を適用せず、かつ、当該事業年度において支出した寄附金の額の全額を損金の額に算入して計算した場合の当該事業年度の所得の金額とする。この場合において、法人税法第57条第1項、第58条第1項及び第59条第2項の規定の適用については、同法第57条第1項及び第58条第1項中「譲渡）の規定」とあるのは「譲渡）並びに租税特別措置法第61条の2第1項（農業経営基盤強化準備金）の規定」と、同法第59条第2項中「譲渡）」とあるのは「譲渡）並びに租税特別措置法第61条の2第1項（農業経営基盤強化準備金）」と、「）の規定」とあるのは「並びに同法第61条の2第1項）

の規定」とする。

（農用地等を取得した場合の課税の特例）
第37条の3

3　法第61条の3第1項第2号に規定する政令で定めるところにより計算した金額は、同項並びに法第66条の13第1項及び第5項から第11項までの規定を適用せず、かつ、当該事業年度において支出した寄附金の額の全額を損金の額に算入して計算した場合の当該事業年度の所得の金額とする。この場合において、法人税法第57条第1項、第58条第1項及び第59条第2項の規定の適用については、同法第57条第1項及び第58条第1項中「譲渡）の規定」とあるのは「譲渡）並びに租税特別措置法第61条の3第1項（農用地等を取得した場合の課税の特例）の規定」と、同法第59条第2項中「譲渡）」とあるのは「譲渡）並びに租税特別措置法第61条の3第1項（農用地等を取得した場合の課税の特例）」と、「）の規定」とあるのは「並びに同法第61条の3第1項）の規定」とする。

（収用等に伴い代替資産を取得した場合等の課税の特例）
第39条

2　法第64条第1項に規定する代替資産（以下この条において「代替資産」という。）は、同項各号の場合の区分に応じ次に掲げる資産とする。

一　法第64条第1項第1号、第2号、第3号の2又は第3号の3の場合にあっては、譲渡資産が土地又は土地の上に存する権利、建物（その附属設備を含む。）又は建物に附属する財務省令で定める構築物、当該構築物以外の構築物、その他の資産の区分のいずれに属するかに応じそれぞれこれらの区分に属する資産（譲渡資産がその他の資産の区分に属するものである場合には、当該資産と種類及び用途を同じくする資産）

3　譲渡資産が前項第1号に規定する区分（その他の資産の区分を除く。）の異なる2以上の資産で一の効用を有する一組の資産となっているものである場合には、同号の規定にかかわらず、財務省令で定めるところにより、その効用と同じ効用を有する他の資産をもって当該譲渡資産の全てに係る代替資産とする

ことができる。

4　譲渡資産の譲渡をした法人が、その事業の用に供するため、当該譲渡資産に係る前2項の代替資産に該当する資産以外の資産（当該事業の用に供する減価償却資産、土地及び土地の上に存する権利に限る。）の取得（製作及び建設を含む。以下この条において同じ。）をする場合には、前2項の規定にかかわらず、当該資産をもって当該譲渡資産の代替資産とすることができる。

租税特別措置法施行規則 (抄)

(収用等に伴い代替資産を取得した場合等の課税の特例)

第22条の2

2 施行令第39条第2項第1号に規定する財務省令で定める構築物は、建物に附属する門、塀、庭園（庭園に附属する亭、庭内神しその他これらに類する附属設備を含む。）、煙突、貯水槽その他これらに類する資産をいう。

3 施行令第39条第3項の規定は、同項に規定する一組の資産が次に掲げる用に供するものである場合において、同項に規定する譲渡資産の譲渡の日の属する事業年度の確定申告書等に当該一組の資産の明細を記載した書類を添付したときに限り、適用する。

一　居住の用

二　店舗又は事務所の用

三　工場、発電所又は変電所の用

四　倉庫の用

五　前各号の用のほか、劇場の用、運動場の用、遊技場の用その他これらの用の区分に類する用

法人税法基本通達（抄）

（収益の計上の単位の通則）

2-1-1　資産の販売若しくは譲渡又は役務の提供（2-1-1の10及び2-1-40の2を除き、平成30年3月30日付企業会計基準第29号「収益認識に関する会計基準」（以下2-1-1において「収益認識基準」という。）の適用対象となる取引に限る。以下この節において「資産の販売等」という。）に係る収益の額は、原則として個々の契約ごとに計上する。ただし、次に掲げる場合に該当する場合には、それぞれ次に定めるところにより区分した単位ごとにその収益の額を計上することができる。

(1)　同一の相手方及びこれとの間に支配関係その他これに準ずる関係のある者と同時期に締結した複数の契約について、当該複数の契約において約束した資産の販売等を組み合わせて初めて単一の履行義務（収益認識基準第7項に定める履行義務をいう。以下2-1-21の7までにおいて同じ。）となる場合　当該複数の契約による資産の販売等の組合せ

(2)　一の契約の中に複数の履行義務が含まれている場合　それぞれの履行義務に係る資産の販売等

（注）

1　同一の相手方及びこれとの間に支配関係その他これに準ずる関係のある者と同時期に締結した複数の契約について、次のいずれかに該当する場合には、当該複数の契約を結合したものを一の契約とみなしてただし書の(2)を適用する。

(1)　当該複数の契約が同一の商業目的を有するものとして交渉されたこと。

(2)　一の契約において支払を受ける対価の額が、他の契約の価格又は履行により影響を受けること。

2　工事（製造及びソフトウエアの開発を含む。以下2-1-1において同じ。）の請負に係る契約について、次の(1)に区分した単位における収益の計上時期及び金額が、次の(2)に区分した単位における収益の計上時期及び金額に比してその差異に重要性が乏しいと認められる場合には、次の(1)に区分した単位ごとにその収益の額を計上

することができる。

(1)　当事者間で合意された実質的な取引の単位を反映するように複数の契約（異なる相手方と締結した複数の契約又は異なる時点に締結した複数の契約を含む。）を結合した場合のその複数の契約において約束した工事の組合せ

(2)　同一の相手方及びこれとの間に支配関係その他これに準ずる関係のある者と同時期に締結した複数の契約について、ただし書の(1)又は(2)に掲げる場合に該当する場合（ただし書の(2)にあっては、上記（注）1においてみなして適用される場合に限る。）におけるそれぞれただし書の(1)又は(2)に定めるところにより区分した単位

3　一の資産の販売等に係る契約につきただし書の適用を受けた場合には、同様の資産の販売等に係る契約については、継続してその適用を受けたただし書の(1)又は(2)に定めるところにより区分した単位ごとに収益の額を計上することに留意する。

（取得価額の修正等と評価益の計上との関係）

4-1-1　次に掲げる事実に基づき生じた益金は、法第25条第1項《資産の評価益の益金不算入》に規定する資産の評価益には該当しないことに留意する。

(1)　減価償却資産として計上すべき費用の額を修繕費等として損金経理をした法人が減価償却資産として受け入れるに当たり、当該費用の額をもって減価償却資産の帳簿価額として計上したため、既往の償却費に相当する金額だけその増額が行われたこと。

(2)　圧縮記帳による圧縮額を積立金として経理している法人が、その積立金を取り崩したこと。

（租税の損金算入の時期）

9-5-1　法人が納付すべき国税及び地方税（法人の各事業年度の所得の金額の計算上損金の額に算入されないものを除く。）については、次に掲げる区分に応じ、それぞれ次に定める事業年度の損金の額に算入する。

(1)　申告納税方式による租税　納税申告書

に記載された税額については当該納税申告書が提出された日（その年分の地価税に係る納税申告書が地価税法第25条《申告》に規定する申告期間の開始の日前に提出された場合には、当該納税申告書に記載された税額については当該申告期間の開始の日）の属する事業年度とし、更正又は決定に係る税額については当該更正又は決定があった日の属する事業年度とする。ただし、次に掲げる場合には、次による。

イ　収入金額又は棚卸資産の評価額のうちに申告期限未到来の納付すべき酒税等に相当する金額が含まれている場合又は製造原価、工事原価その他これらに準ずる原価のうちに申告期限未到来の納付すべき事業に係る事業所税若しくは地価税に相当する金額が含まれている場合において、法人が当該金額を損金経理により未払金に計上したときの当該金額については、当該損金経理をした事業年度とする。

ロ　法人が、申告に係る地価税につき地価税法第28条第1項及び第3項《納付》並びに同条第5項の規定により読み替えて適用される通則法第35条第2項《申告納税方式による納付》に定めるそれぞれの納期限の日又は実際に納付した日の属する事業年度において損金経理をした場合には、当該事業年度とする。

(2)　賦課課税方式による租税　賦課決定のあった日の属する事業年度とする。ただし、法人がその納付すべき税額について、その納期の開始の日（納期が分割して定められているものについては、それぞれの納期の開始の日とする。）の属する事業年度又は実際に納付した日の属する事業年度において損金経理をした場合には、当該事業年度とする。

(3)　特別徴収方式による租税　納入申告書に係る税額についてはその申告の日の属する事業年度とし、更正又は決定による不足税額については当該更正又は決定があった日の属する事業年度とする。ただし、申告期限未到来のものにつき収入金額のうち納入すべき金額が含まれている場合において、法人が当該金額を損金経理により未払金に計上したときの当該金額については、当該損金経理をした事業年度とする。

(4)　利子税並びに地方税法第65条第1項、第72条の45の2第1項又は第327条第1項《法人の道府県民税等に係る納期限の延長の場合の延滞金》の規定により徴収される延滞金　納付の日の属する事業年度とする。ただし、法人が当該事業年度の期間に係る未納の金額を損金経理により未払金に計上したときの当該金額については、当該損金経理をした事業年度とする。

（事業税及び特別法人事業税の損金算入の時期の特例）

9-5-2　当該事業年度の直前の事業年度（その事業年度が連結事業年度に該当する場合には、当該連結事業年度。以下9-5-2において「直前年度」という。）分の事業税及び特別法人事業税の額（9-5-1により直前年度の損金の額に算入される部分の金額を除く。以下9-5-2において同じ。）については、9-5-1にかかわらず、当該事業年度終了の日までにその全部又は一部につき申告、更正又は決定（以下9-5-2において「申告等」という。）がされていない場合であっても、当該事業年度の損金の額に算入することができるものとする。この場合において、当該事業年度の法人税について更正又は決定をするときは、当該損金の額に算入する事業税の額は、直前年度の所得（直前年度が連結事業年度に該当する場合には、当該連結事業年度の個別所得金額。以下9-5-2において同じ。）又は収入金額に標準税率を乗じて計算し、特別法人事業税の額は、当該事業税の額（地方税法第72条の2第1項第1号イ《事業税の納税義務者等》に掲げる法人（以下9-5-2において「外形標準課税法人」という。）にあっては、直前年度の所得に同法第72条の24の7第1項第1号ハ《事業税の標準税率等》に係る率を乗じて計算した額）に特別法人事業税及び特別法人事業譲与税に関する法律第7条《税額の計算》に規定する税率を乗じて計算するものとし、その後当該事業税及び特別法人事業税につき申告等があったことにより、その損金の額に算入した事業税及び特別法人事業税の額につき過不足額が生じたときは、その過不足額は、当該申告等又は納付のあった日の属する事業年度（その事業年度が連結事業年度に該当する場合には、当該連結事業年度）の益金

の額又は損金の額に算入する

（注）

1　個別所得金額とは、法第 81 条の 18 第 1 項
《連結法人税の個別帰属額の計算》に規定
する個別所得金額をいう。

2　標準税率は、次に掲げる法人の区分に応
じ、それぞれ次による。

（1）　外形標準課税法人　地方税法第 72 条
の 24 の 7 第 1 項第 1 号イの標準税率に同
号ハに係る標準税率を加算して得た税率
又は同条第 3 項第 1 号イの標準税率に同
号ハに係る標準税率を加算して得た税率
による。

（2）　（1）に掲げる法人以外の法人　地方
税法第 72 条の 24 の 7 に係る標準税率
（同条第 1 項第 1 号又は第 3 項第 1 号に係
る標準税率を除く。）による。

3　直前年度分の事業税及び特別法人事業税
の額の損金算入だけを内容とする更正は、
原則としてこれを行わないものとする。

**（積立金の任意取崩しの場合の償却超過額等の
処理）**

10-1-3　圧縮記帳による圧縮額を積立金とし
て経理している法人が当該積立金の額の全部
又は一部を取り崩して益金の額に算入した場
合において、その取り崩した積立金の設定の
基礎となった資産に係る償却超過額又は評価
損の否認金（当該事業年度において生じた償
却超過額又は評価損の否認金を含む。）があ
るときは、その償却超過額又は評価損の否認
金の額のうち益金の額に算入した積立金の額
に達するまでの金額は、当該事業年度の損金
の額に算入する。

租税特別措置法関係通達（法人税編）（抄）

（種類を同じくする2以上の資産について収用等をされた場合等の差益割合）

64(3)-1　種類を同じくする2以上の資産について同時に収用等をされた場合又は代替資産につき措置法令第39条第3項若しくは第4項の規定の適用を受ける場合の措置法第64条第1項に規定する差益割合は、その収用等に係る対価補償金の額（その額から控除することとなる譲渡経費の額がある場合には、当該金額を控除した金額。以下同じ。）の合計額に対する当該合計額から収用等により譲渡した資産の譲渡直前の帳簿価額の合計額を控除した金額の割合による。

所得税法（抄）

（収入金額）

第36条　その年分の各種所得の金額の計算上収入金額とすべき金額又は総収入金額に算入すべき金額は、別段の定めがあるものを除き、その年において収入すべき金額（金銭以外の物又は権利その他経済的な利益をもって収入する場合には、その金銭以外の物又は権利その他経済的な利益の価額）とする。

所得税法施行令（抄）

（譲渡制限付株式の価額等）

第84条　個人が法人に対して役務の提供をした場合において、当該役務の提供の対価として譲渡制限付株式（次に掲げる要件に該当する株式（出資、投資信託及び投資法人に関する法律第2条第14項（定義）に規定する投資口その他これらに準ずるものを含む。以下この条において同じ。）をいう。以下この項において同じ。）であって当該役務の提供の対価として当該個人に生ずる債権の給付と引換えに当該個人に交付されるものその他当該個人に給付されることに伴って当該債権が消滅する場合の当該譲渡制限付株式（以下この項において「特定譲渡制限付株式」という。）が当該個人に交付されたとき（合併又は前条第5項第3号に規定する分割型分割に際し当該合併又は分割型分割に係る同項第2号に規定する被合併法人又は同項第4号に規定する分割法人の当該特定譲渡制限付株式を有する者に対し交付される当該合併又は分割型分割に係る同項第1号に規定する合併法人又は同項第5号に規定する分割承継法人の譲渡制限付株式その他の財務省令で定める譲渡制限付株式（以下この項において「承継譲渡制限付株式」という。）が当該個人に交付されたときを含む。）における当該特定譲渡制限付株式又は承継譲渡制限付株式に係る法第36条第2項（収入金額）の価額は、当該特定譲渡制限付株式又は承継譲渡制限付株式の譲渡（担保権の設定その他の処分を含む。第1号において同じ。）についての制限が解除された日（同日前に当該個人が死亡した場合において、当該個人の死亡の時に次項第2号に規定する事由に該当しないことが確定している当該特定譲渡制限付株式又は承継譲渡制限付株式については、当該個人の死亡の日）における価額とする。

一　譲渡についての制限がされており、かつ、当該譲渡についての制限に係る期間（次号において「譲渡制限期間」という。）が設けられていること。

二　当該個人から役務の提供を受ける法人又はその株式を発行し、若しくは当該個人に交付した法人がその株式を無償で取得することとなる事由（その株式の交付を受けた当該個人が譲渡制限期間内の所定の期間勤務を継続しないこと若しくは当該個人の勤務実績が良好でないことその他の当該個人の勤務の状況に基づく事由又はこれらの法人の業績があらかじめ定めた基準に達しないことその他のこれらの法人の業績その他の指標の状況に基づく事由に限る。）が定められていること。

2　発行法人から次の各号に掲げる権利で当該権利の譲渡についての制限その他特別の条件が付されているものを与えられた場合（株主等として与えられた場合（当該発行法人の他の株主等に損害を及ぼすおそれがないと認められる場合に限る。）を除く。）における当該権利に係る法第36条第2項の価額は、当該権利の行使により取得した株式のその行使の日（第3号に掲げる権利にあっては、当該権利に基づく払込み又は給付の期日（払込み又は給付の期間の定めがある場合には、当該払込み又は給付をした日））における価額から次の各号に掲げる権利の区分に応じ当該各号に定める金額を控除した金額による。

一　会社法の施行に伴う関係法律の整備等に関する法律第64条（商法の一部改正）の規定による改正前の商法（明治32年法律第48号）第二百八十条ノ二十一第一項（新株予約権の有利発行の決議）の決議に基づき発行された同項に規定する新株予約権　当該新株予約権の行使に係る当該新株予約権の取得価額にその行使に際し払い込むべき額を加算した金額

二　会社法第238条第2項（募集事項の決定）の決議（同法第239条第1項（募集事項の決定の委任）の決議による委任に基づく同項に規定する募集事項の決定及び同法第240条第1項（公開会社における募集事項の決定の特則）の規定による取締役会の決議を含む。）に基づき発行された新株予約権（当該新株予約権を引き受ける者に特に有利な条件若しくは金額であることとされるもの又は役務の提供その他の行為による対価の全部若しくは一部であることとされるものに限る。）　当該新株予約権の行使に係る当該新株予約権の取得価額にその行使に際し払い込むべき額を加算した金額

三　株式と引換えに払い込むべき額が有利な
　金額である場合における当該株式を取得す
　る権利（前2号に掲げるものを除く。）　当

該権利の行使に係る当該権利の取得価額に
その行使に際し払い込むべき額を加算した
金額

所得税法施行規則（抄）

第19条の4　令第84条第1項（譲渡制限付株式の価額等）に規定する財務省令で定める譲渡制限付株式は、次に掲げるものとする。

一　合併により当該合併に係る被合併法人の特定譲渡制限付株式（令第84条第1項に規定する特定譲渡制限付株式をいう。次号において同じ。）を有する者に対し交付される当該合併に係る合併法人の同項に規定する譲渡制限付株式（以下この項において「譲渡制限付株式」という。）又は当該合併の直前に当該合併に係る合併法人と当該合併法人以外の法人との間に当該法人による完全支配関係（法人税法第2条第12号の7の6（定義）に規定する完全支配関係をいう。次号において同じ。）がある場合における当該法人の譲渡制限付株式

二　分割型分割により当該分割型分割に係る分割法人の特定譲渡制限付株式を有する者に対し交付される当該分割型分割に係る分割承継法人の譲渡制限付株式又は当該分割型分割の直前に当該分割型分割に係る分割承継法人と当該分割承継法人以外の法人との間に当該法人による完全支配関係がある場合における当該法人の譲渡制限付株式

会社法（抄）

（定義）

第2条 この法律において、次の各号に掲げる用語の意義は、当該各号に定めるところによる。

二十一 新株予約権 株式会社に対して行使することにより当該株式会社の株式の交付を受けることができる権利をいう。

（新株予約権の内容）

第236条 株式会社が新株予約権を発行するときは、次に掲げる事項を当該新株予約権の内容としなければならない。

一 当該新株予約権の目的である株式の数（種類株式発行会社にあっては、株式の種類及び種類ごとの数）又はその数の算定方法

二 当該新株予約権の行使に際して出資される財産の価額又はその算定方法

三 金銭以外の財産を当該新株予約権の行使に際してする出資の目的とするときは、その旨並びに当該財産の内容及び価額

四 当該新株予約権を行使することができる期間

五 当該新株予約権の行使により株式を発行する場合における増加する資本金及び資本準備金に関する事項

六 譲渡による当該新株予約権の取得について当該株式会社の承認を要することとするときは、その旨

七 当該新株予約権について、当該株式会社が一定の事由が生じたことを条件としてこれを取得することができることとするときは、次に掲げる事項

イ 一定の事由が生じた日に当該株式会社がその新株予約権を取得する旨及びその事由

ロ 当該株式会社が別に定める日が到来することをもってイの事由とするときは、その旨

ハ イの事由が生じた日にイの新株予約権の一部を取得することとするときは、その旨及び取得する新株予約権の一部の決定の方法

ニ イの新株予約権を取得するのと引換えに当該新株予約権の新株予約権者に対して当該株式会社の株式を交付するときは、当該株式の数（種類株式発行会社にあっては、株式の種類及び種類ごとの数）又はその算定方法

ホ イの新株予約権を取得するのと引換えに当該新株予約権の新株予約権者に対して当該株式会社の社債（新株予約権付社債についてのものを除く。）を交付するときは、当該社債の種類及び種類ごとの各社債の金額の合計額又はその算定方法

ヘ イの新株予約権を取得するのと引換えに当該新株予約権の新株予約権者に対して当該株式会社の他の新株予約権（新株予約権付社債に付されたものを除く。）を交付するときは、当該他の新株予約権の内容及び数又はその算定方法

ト イの新株予約権を取得するのと引換えに当該新株予約権の新株予約権者に対して当該株式会社の新株予約権付社債を交付するときは、当該新株予約権付社債についてのホに規定する事項及び当該新株予約権付社債に付された新株予約権についてのへに規定する事項

チ イの新株予約権を取得するのと引換えに当該新株予約権の新株予約権者に対して当該株式会社の株式等以外の財産を交付するときは、当該財産の内容及び数若しくは額又はこれらの算定方法

八 当該株式会社が次のイからホまでに掲げる行為をする場合において、当該新株予約権の新株予約権者に当該イからホまでに定める株式会社の新株予約権を交付することとするときは、その旨及びその条件

イ 合併（合併により当該株式会社が消滅する場合に限る。） 合併後存続する株式会社又は合併により設立する株式会社

ロ 吸収分割 吸収分割をする株式会社がその事業に関して有する権利義務の全部又は一部を承継する株式会社

ハ 新設分割 新設分割により設立する株式会社

ニ 株式交換 株式交換をする株式会社の発行済株式の全部を取得する株式会社

ホ 株式移転 株式移転により設立する株式会社

九　新株予約権を行使した新株予約権者に交付する株式の数に一株に満たない端数がある場合において、これを切り捨てるものとするときは、その旨

十　当該新株予約権（新株予約権付社債に付されたものを除く。）に係る新株予約権証券を発行することとするときは、その旨

十一　前号に規定する場合において、新株予約権者が第290条の規定による請求の全部又は一部をすることができないこととするときは、その旨

（募集事項の決定）

第238条　株式会社は、その発行する新株予約権を引き受ける者の募集をしようとするときは、その都度、募集新株予約権（当該募集に応じて当該新株予約権の引受けの申込みをした者に対して割り当てる新株予約権をいう。以下この章において同じ。）について次に掲げる事項（以下この節において「募集事項」という。）を定めなければならない。

一　募集新株予約権の内容及び数

二　募集新株予約権と引換えに金銭の払込みを要しないこととする場合には、その旨

三　前号に規定する場合以外の場合には、募集新株予約権の払込金額（募集新株予約権1個と引換えに払い込む金銭の額をいう。以下この章において同じ。）又はその算定方法

四　募集新株予約権を割り当てる日（以下この節において「割当日」という。）

五　募集新株予約権と引換えにする金銭の払込みの期日を定めるときは、その期日

六　募集新株予約権が新株予約権付社債に付されたものである場合には、第676条各号に掲げる事項

七　前号に規定する場合において、同号の新株予約権付社債に付された募集新株予約権についての第118条第1項、第179条第2項、第777条第1項、第787条第1項又は第808条第1項の規定による請求の方法につき別段の定めをするときは、その定め

（新株予約権証券の発行）

第288条　株式会社は、証券発行新株予約権を発行した日以後遅滞なく、当該証券発行新株予約権に係る新株予約権証券を発行しなければならない。

金融商品取引法（抄）

（定義）

第2条 この法律において「有価証券」とは、次に掲げるものをいう。

九　株券又は新株予約権証券

土地の再評価に関する法律（抄）

（土地の再評価）

第3条 次に掲げる法人で事業用土地を所有するものは、商法（明治32年法律第48号）第285条（他の法律において準用する場合を含む。）の規定にかかわらず、その事業用土地について再評価を行うことができる。

一　株式会社の監査等に関する商法の特例に関する法律（昭和49年法律第22号）第1条の2第1項に規定する大会社（同法第2条第1項の規定を他の法律において準用することにより会計監査人の監査を受けなければならないこととされている法人を含む。）

一の二　証券取引法（昭和23年法律第25号）第193条の2第1項の規定による監査証明を受けなければならない株式会社で、同法第24条第1項各号に掲げる有価証券の発行者であるもの（前号に掲げるものを除く。）

二　信用金庫及び信用金庫連合会

三　労働金庫及び労働金庫連合会

四　信用協同組合及び中小企業等協同組合法（昭和24年法律第181号）第9条の9第1項第1号の事業を行う協同組合連合会

五　農林中央金庫

六　農業協同組合法（昭和22年法律第132号）第10条第1項第3号の事業を行う農業協同組合及び農業協同組合連合会

七　水産業協同組合法（昭和23年法律第242号）第11条第1項第4号の事業を行う漁業協同組合及び同法第87条第1項第4号の事業を行う漁業協同組合連合会

八　水産業協同組合法第93条第1項第2号の事業を行う水産加工業協同組合及び同法第97条第1項第2号の事業を行う水産加工業協同組合連合会

（再評価差額金の取崩し）

第8条 法人が第3条第1項の規定による再評価を行った事業用土地を売却等により処分した場合には、当該法人は、当該事業用土地に係る再評価差額金を取り崩さなければならない。

2　法人が第3条第1項の規定による再評価を行った事業用土地について予測することができない減損が生じたことにより帳簿価額の減額をした場合には、当該法人は、当該事業用土地に係る再評価差額金について、次の各号に掲げる区分に応じ、当該各号に定める金額を取り崩さなければならない。

一　当該事業用土地が第3条第1項の規定による再評価によりその帳簿価額を増額したものであり、かつ、予測することができない減損が生じたことによる減額をした当該事業用土地の帳簿価額が再評価の直前における当該事業用土地の帳簿価額以上である場合　当該事業用土地に係る再評価差額金のうちその減額した金額（当該減額した金額に対応する再評価に係る繰延税金負債の金額を除く。）に相当する金額

二　当該事業用土地が第3条第1項の規定による再評価によりその帳簿価額を増額したものであり、かつ、予測することができない減損が生じたことによる減額をした当該事業用土地の帳簿価額が再評価の直前における当該事業用土地の帳簿価額に満たない場合　当該事業用土地に係る再評価差額金の全額

三　当該事業用土地が第3条第1項の規定による再評価によりその帳簿価額を減額したものである場合　当該事業用土地に係る再評価差額金の全額

3　再評価差額金は、前2項の規定による場合を除くほか、取り崩すことができない。

東日本大震災の被災者等に係る国税関係法律の臨時特例に関する法律（抄）

（再投資等準備金）

第18条の3 東日本大震災復興特別区域法第40条第1項（福島復興再生特別措置法第74条の規定により読み替えて適用する場合を含む。以下この項において同じ。）の規定により東日本大震災復興特別区域法の施行の日から令和3年3月31日までの間に認定地方公共団体（同法第4条第1項に規定する復興推進計画（以下この項において「復興推進計画」という。）につき同条第9項（福島復興再生特別措置法第74条又は第75条の規定により読み替えて適用する場合を含む。第1号において同じ。）の認定（東日本大震災復興特別区域法第6条第1項の変更の認定を含む。第1号を除き、以下この項において「認定」という。）を受けた地方公共団体をいう。以下この項において同じ。）の指定を受けた法人で、次に掲げる要件（租税特別措置法第42条の4第8項第7号に規定する中小企業者その他の政令で定める法人（次項において「中小企業者等」という。）にあっては、第1号及び第2号に掲げる要件）の全てを満たすものが、適用年度において、当該認定地方公共団体の作成した当該認定を受けた復興推進計画（以下この項及び次項において「認定復興推進計画」という。）に定められた東日本大震災復興特別区域法第40条第1項に規定する復興産業集積区域（第2号及び次項第4号において「特定復興産業集積区域」という。）内において当該認定復興推進計画に定められた同法第2条第3項第2号イ（福島復興再生特別措置法第74条の規定により読み替えて適用する場合を含む。）に掲げる事業（以下この条において「産業集積事業」という。）の用に供する減価償却資産（機械及び装置、建物及びその附属設備並びに構築物に限る。第3号及び次項第5号において同じ。）の新設、増設又は更新に要する支出に充てるため、当該適用年度の所得の金額として政令で定める金額以下の金額を損金経理（法人税法第72条第1項第1号又は第144条の4第1項第1号若しくは第2号若しくは第2項第1号に掲げる金額を計算する場合にあっては、同法第72条第1項又は第144条の4第1項若しくは第2項に規定する期間に係る決算において費用又は損失として経理することをいう。第18条の8第1項及び第19条第1項において同じ。）の方法により再投資等準備金として積み立てたとき（当該適用年度の決算の確定の日までに剰余金の処分により積立金として積み立てる方法により再投資等準備金として積み立てたときを含む。）は、その積み立てた金額は、当該適用年度の所得の金額の計算上、損金の額に算入する。

一　その設立の日が当該認定地方公共団体が作成した復興推進計画につき東日本大震災復興特別区域法第4条第9項の認定があった日以後であること。

二　当該特定復興産業集積区域内に本店又は主たる事務所を有すること。

三　当該指定があった日を含む事業年度（当該指定があった日を含む事業年度が連結事業年度に該当する場合には、当該指定があった日を含む連結事業年度）において取得又は製作若しくは建設をした当該産業集積事業の用に供する減価償却資産の取得価額の合計額が3億円以上であること。

東日本大震災の被災者等に係る国税関係法律の
臨時特例に関する法律施行令（抄）

（再投資等準備金）

第18条の3 法第18条の3第1項に規定する政令で定める法人は、同項の指定があった日を含む事業年度終了の時において租税特別措置法第42条の4第8項第7号に規定する中小企業者又は同項第9号に規定する農業協同組合等（以下この項において「農業協同組合等」という。）に該当する法人（法第18条の3第1項の指定があった日を含む事業年度が連結事業年度に該当する場合には、当該指定があった日を含む連結事業年度終了の時において租税特別措置法第68条の9第8項第6号に規定する中小連結法人（連結親法人である農業協同組合等を含む。）に該当する法人）とする。

【著者紹介】

野原　武夫 （のはら　たけお）

昭和 30 年 5 月　北海道上富良野町生まれ
昭和 49 年 3 月　北海道富良野高等学校卒
昭和 49 年 4 月　札幌国税局採用
昭和 50 年 6 月　渋谷税務署徴収
昭和 54 年 7 月　国税庁税務大学校総務課
昭和 55 年 3 月　駒澤大学法学部法律学科卒
昭和 63 年 7 月　東京国税局調査第二部第 6 部門
平成 14 年 7 月　東京国税局調査第一部調査審理課主査（退官）
平成 14 年 8 月　税理士登録

〔主な著書等〕

『ケーススタディによる「純資産の部」の法人税務』（税務研究会出版局）
『資本積立金・利益積立金の法人税務 QA』（共著・税務研究会出版局）
『事例による法人税申告調整 Q&A』（税務経理協会）
『否認されないための　法人税申告書チェックポイント』（ぎょうせい）
『法人税基本通達の疑問点』（共著・ぎょうせい）
『保険・年金の税務 Q&A』（共著・ぎょうせい）
『Q&A　貸倒れをめぐる税務』（新日本法規出版）
『ケーススタディ　貸倒れの税務判断・処理の実務』（新日本法規出版）
『企業組織再編の法人税務』（共著・大蔵財務協会）
『企業組織再編成の法人における申告書別表四・五（一）の申告調整』（大蔵財務協会）
『法人税の重要計算』（共著・中央経済社）
『Q&A　合併等の税務』（共著・大蔵財務協会）
『設例解説　グループ法人税制適用法人における別表四、五（一）の申告調整の実務』
（大蔵財務協会）

法人税　別表四、五（一）の申告調整の実務　第 1 集
―租税公課 圧縮記帳 剰余金処分 ストック・オプション 特定譲渡制限付株式等―

令和 3 年 2 月 5 日　初版発行
令和 3 年 8 月 2 日　再版発行

不　許
複　製

著　者　　野　原　武　夫
　　　　　　　　　　　　　　　　　　　一般財団法人　大蔵財務協会　理事長
発行者　　木　村　幸　俊

発行所　　一般財団法人　大蔵財務協会
〔郵便番号　130-8585〕
東京都墨田区東駒形 1 丁目 14 番 1 号
（販　売　部）TEL03（3829）4141・FAX03（3829）4001
（出版編集部）TEL03（3829）4142・FAX03（3829）4005
http://www.zaikyo.or.jp

乱丁・落丁の場合は、お取替えいたします。　　　　　印刷　美研プリンティング株式会社
ISBN978-4-7547-2863-2